# 小本经营生意经

一龙◎著

中国商业出版社

**图书在版编目（CIP）数据**

小本经营生意经 / 一龙著. -- 北京 ：中国商业出版社，2021.4
ISBN 978-7-5208-1590-1

Ⅰ. ①小… Ⅱ. ①一… Ⅲ. ①商业经营—基本知识 Ⅳ. ①F715

中国版本图书馆CIP数据核字(2021)第062420号

责任编辑：管明林

中国商业出版社出版发行
010-63180647 www.c-cbook.com
（100053 北京广安门内报国寺1号）
新华书店经销
三河市冀华印务有限公司印刷
*
880毫米×1230毫米 32开 6印张 139千字
2021年4月第1版 2021年4月第1次印刷
定价：36.80元
* * * *
（如有印装质量问题可更换）

# 前 言

PREFACE

很多人认为小本经营比较艰难，是在夹缝中求生存和发展，资金少，没有人手、渠道、资源，一切得从零开始。这是现实，也是小本经营不可摆脱的困境。然而，小本经营就意味着没有好的发展和未来吗？

当然不是！

小本生意经营好了，也可做成大买卖，“撬动”大财富。事实上，很多赫赫有名的成功者都是从小本生意起家的，靠着他们非凡的眼光、思维和精神，以及正确且超凡的管理手段，一步步从小变大、由弱到强，成就自己的辉煌。

小本经营者只要有敏锐的眼光，找到适合自己和市场的项目，就可以及时抓住商机；只要保持强者心态，敢于冒险，勇往直前，执着进取，便不会被轻易打倒；只要做好企业、现金、客户的管理，掌握小本经营的管理艺术，便可实现良性发展……

当然，因为经验不足、心态不好或种种客观原因，小本经营者很可能遭遇重重风险，甚至落入陷阱，导致生意失败。然而，我们需要明白：即便失败也没什么大不了，谁在创业时没有经历过失败、踩过“雷”呢？只要我们汲取经验教训，强化风险意识，善于识别相关陷阱，就可以走出失败、走向成功。

泰山不却微尘，积少垒成高大。换句话说，生意不怕小，就怕你不懂得小本经营的生意经。为了让所有小本经营者顺利走上致富道路，早日实现自己的财富梦想，我们为大家准备了《小本经营生意经》这本书。它从经营项目、创业心态、创业点子、人员管理、资金管理、客户管理、陷阱规避以及成功者案例八个方面，全方位地阐述了小本经营不可不知的商业思维、经营智慧以及实战技巧。

本书立意新颖，事例生动形象，内容包括一些商界成功者的创业经历和经营秘诀，目的是让大家了解其中的思维、智慧、技巧以及精神。只要大家能领悟其中奥秘，有所收获，就可以把自己的小本生意慢慢做大做强，成就属于自己的财富梦。

现在就行动起来吧！从现在起，和我们一起好好学习小本经营的生意经吧！

# 目 录

## 第一章 小本经营成功三要素

——项目，项目，还是项目

小本创业者必须明白，商机并非笼统的概念，而是发现和寻找具体的投资项目。尤其是小本经营，更要重视选择投资项目，不能盲目，不能犹豫，更不能摇摆不定，而要学会从不断变化的市场行情和行业信息中选择最适合自己的项目，这样才能最大限度地提升投资成功率。

第二章

## 小本创业要有“小强精神”

——本虽小，心态强

投资无论大小，目的只有一个，那就是获得收益。所有的投资者都希望收入多多益善，生意越做越大。事实上，很多时候，收益多少与生意大小并非直接挂钩，许多做小买卖的生意人一样能够挣大钱。相反，那些看不上小本项目，看不上“小钱”，一心只想做“大生意”、发大财的投资人，往往忘记了积少成多、聚沙成塔的道理，最后竹篮打水一场空。



第三章

## 准备好“金点子”+“铁心肠”

有了好的项目，接下来就是如何把项目经营好，小本经营者不仅需要动脑筋，更要学会讲原则。很多时候，一个好点子可以带来巨大的利润，而一个没有原则底线的念头则可以顷刻间毁掉一个项目。所以，我们需要在实践中仔细体会，用心领悟，做灵活又坚定的经营者。

## 第四章 谁说两三个人无须“管理”？

哪怕再小的生意，也一定要重视管理，所以如何用人是小本经营者面临的一个大问题。良好的管理不仅可以调动员工工作的积极性，充分发挥团队的力量，也可帮助我们巧妙化解经营过程中面临的各种矛盾与冲突，提高经营收益，让自己的生意走上良性发展的道路。



## 第五章 小本经营更要“拿稳”现金流

小本经营必须遵守一条商业准则：拿稳现金流。小本经营者最缺的就是现金，所以必须做好现金流管理，做到会省钱、会花钱，让所有现金得到更好的利用。

## 第六章 别把客户当“上帝”

“客户就是上帝”，是一个人人知晓的口号。事实上，以客户为重固然重要，小本经营者却没必要把客户当“上帝”，对客户有求必应、俯首帖耳。想要赢得客户，我们需要关注客户需求，为客户提供更有价值的产品和服务。

## 第七章 防范“小本经营专属陷阱”

不管什么时候，做生意都是有风险的，很多小本经营者可能会落入好高骛远、眼高手低、冒进、安而忘危等陷阱。正因如此，我们需要清醒的头脑和敏锐的洞察力，力求防患于未然。



## 第八章 小本经营实战案例及分析

很多卓越的商业领袖是从小本经营到拥有几十亿甚至更多财富的，这是非常了不起的。他们有着长远的眼光、不凡的品质、独特的思维、顽强的精神……这些都是小本经营者应该学习和借鉴的。用心地阅读这些商界领袖的创业故事，学习他们的思维和精神，相信你迟早会获得属于自己的财富。

# 第一章 小本经营成功三要素

——项目，项目，还是项目

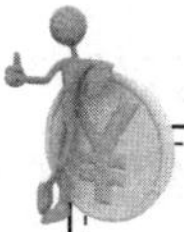

小本创业者必须明白，商机并非笼统的概念，而是发现和寻找具体的投资项目。尤其是小本经营，更要重视选择投资项目，不能盲目，不能犹豫，更不能摇摆不定，而要学会从不断变化的市场行情和行业信息中选择最适合自己的项目，这样才能最大限度地提升投资成功率。

## 什么样的人做什么样的项目

许多人创业时一门心思想着复制别人的成功，发现别人的生意不错，自己也跟着去做，不管市场怎样，也不管行业发展前景如何，只管投入。结果生意越做越难，最后不堪重负，只好关门大吉，另谋出路。这样的事例在我们身边屡见不鲜，很显然，这些创业者的第一步就走错了，他们选择项目时太过盲目了。

目前，创业的成功率是个大问题，如果事先不做好充分的准备，没有认真考察，单纯地认为只要自己肯吃苦、肯努力就会成功，结果往往会失败。因此，无论进入什么领域、选择什么项目，投入经营前一定要充分了解自己是否适合。只有如此，才能让自己的项目找到合适的市场定位，从而扬长避短，充分发挥自身的优势和长处。

小丽原本经营着一家童装店，生意虽然称不上火爆，但也算说得过去。有了孩子后，因为实在没有人帮忙，小丽就把店面转让了出去，做起“全职妈妈”。带孩子期间，小丽为打发时间，顺便把开童装店时剩余的存货整理一下，就开了网店。

因为小丽一直经营童装，对童装行业非常了解，有了孩子后对童装有了更深的体会，也加了一些育儿微信群，对于年轻家长的想法了解得相当深入，所以把目标群体锁定在年轻家长身上。她采取网销方式，不仅经常在微信群里发一些优惠券促销，而且隔三岔五就开直播展示童装的新款式。网店生意很快就火了起来，不到一个月，她已经积累了一大批新老客户，交易额直线攀升。

虽然生意的火爆程度让小丽也有点吃惊，不过仔细分析，这个结果其实是必然的。小丽非常了解童装行业，了解顾客需求，又同为年轻的父母，跟顾客群体有共同语言，再加上微信群以及直播卖货等当下流行的网络营销手段，可以说，她的成功是水到渠成。

如今，小丽专门聘请了几个客服帮忙，每月能做成几千单生意。很显然，她的二次创业非常成功。

显而易见，如果我们对所从事的项目比较熟悉，做起来就会得心应手。选择自己熟悉的项目能够扬长避短，将自身潜能充分发挥出来，用最快的时间掘到第一桶金，从而为项目的后续发展打下坚实的基础。

除了选择自己熟悉的项目，个人兴趣与爱好也是项目选择的重要方向和依据。比如，喜欢看书的人开个书店，喜欢动漫的人开个动漫周边店，这样的例子数不胜数。将自己喜欢的事情作为投资项目，经营起来就会事半功倍。很多时候，兴趣会成为个人工作的“倍增器”，可提高个人的工作激情，促使其加倍努力地坚持下去。

“90 后”的雅雅从小就喜欢小动物和做小手工，给自家的小猫、小狗缝制各种衣服。上大学后，她学的是服装设计专业，热衷时装设计。大学中前两年，她一有空就到商场的名牌服装专卖店研究服装款式和潮流风向，平时在宿舍也常常发挥自己的设计天赋，如给室友刚买来的鞋子添加些图案，帮同学按照个人爱好改衣服……

一个偶然的机会，雅雅接触到宠物领域的新事物：撸猫馆。如今，年轻人工作压力大，很多人喜欢宠物却根本没有条件在家里养，于是“宠物经济”悄然而生，出现各种以“宠物”为主题的休闲馆、咖啡馆等场所。这里的猫猫狗狗都被驯养得很乖巧，打扮得又萌又漂亮，吸引着大批年轻人利用周末和休闲时间前来撸猫、吸狗，玩得不亦乐乎。

雅雅就是因为撸猫开始跟一个店主熟悉起来，然后帮店主给小猫们设计制作一些宠物服饰。雅雅设计上的天赋和专业知识，很快让这家撸猫馆形成自己的特色。很多年轻人知道这家宠物休闲店的猫猫不仅又萌又可爱，还有着相当时尚的穿搭，纷纷前来一睹“猫”容。这家宠物休闲店的生意很快火爆起来，甚至成为宠物爱好者的网红打卡地。之后，给宠物设计时装这件事一传十、十传百，众多宠物休闲店纷纷联系雅雅，希望她能够给自己的宠物设计服饰。本身就十分喜爱宠物的雅雅自然有单必接，后来干脆拉了两个同专业的同学成立了一个宠物时尚工作室，不仅承接本地的宠物店业务，而且把业务拓展到网络上。不到两个月，利润已经相当可观。

后来，雅雅注册了公司，招聘包括缝纫、客服、销售、设计等在内的近 20 名员工，花高价请了两位在网络直播销售上有经验的校友担任助理。雅雅创业成功，短时间内流动资金达到上百万元。

从给撸猫馆设计宠物服饰，到以自己钟爱的服装设计作为创业阶梯，雅雅在两年时间就拥有了自己的项目和事业，完成从学生到老板的华丽转身，这是兴趣爱好带给她的“真金白银”。

在项目选择和运作上，不论是资金、技术还是人脉、资源，都可能成为致富路上的“登天梯”。兴趣爱好往往是一个不错的选择，就像雅雅那样把爱好作为投资项目，激发内心热情和动力的同时，让自己更加努力奋斗，不仅实现人生价值，更赢得了财富的青睐。

道理其实很简单：人们总是对自己感兴趣的事物愿意多下功夫，对于自己的爱好，做时也不容易厌倦。人们常说，弱者失去机会，愚者等待机会，智者抓住机会，强者创造机会。对于小本生意经营者来说，自身的兴趣、爱好或特长很可能是致富项目的所在。

总之，小本经营者在创业之初就要分析自己，找出自己的优劣势，加以综合，得出最优方案，找出擅长及喜欢的行业。只有这样，才会在成功的大道上大踏步前进。反之，倘若硬着头皮勉强从事自己不熟悉、不喜欢又不适合的项目，只会以失败而告终。

## 不怕“冷”，就怕“凉”

喜欢钓鱼的人都知道：人多扎堆儿的钓鱼场地，就算鱼很多，收获却不一定多；相反，垂钓者少的冷清角落，虽然不起眼，却往往能够有不错的收获。创业投资其实也是如此，很多时候，市场就那么大，就像过生日吃蛋糕一样，因为只有一个蛋糕，分的人多了，个人的收获自然就少。

然而，很多小本创业者无视这个规律，喜欢选择热门行业，看到大家都在做什么，自己也跟着做什么，哪里热就往哪里挤，最后虽然也能赚到钱，却很难赚到大钱。在信息化时代，竞争实在太过激烈。任何项目如果已经成为大热门，对于创业者来说，它已经“凉”了。

因此，创业者在资金不充足的情况下，不妨试着寻找“人少的钓鱼场”，把目光放在一些冷门项目上。如果你能够敏锐地发现人们还未予重视的某个领域，采取积极措施，就能获得较多的收益。

小马原本在深圳一家工厂打工，后来因父母身体不好，不得不辞职回老家，准备做点小生意。他考察了不少项目，本来想在小区门口摆摊卖早餐，但发现小区附近已经有十来个早餐摊位，竞争非常激烈，有的生意火爆，有的已经经营不下去了。后来，他又考察了其他一些餐饮项目，发现餐饮业虽然看起来生意好，但竞争实在太激烈了。不仅竞争客流量，还需要抵挡网络订单的冲击——如今外卖 App 异常火爆，年轻人都喜欢叫外卖，以至于许多原本位置好、人流量大的店铺生意慢慢不行了。

这时候，小马想到自己从深圳回来的火车上，看到很多人排队使用火车卧铺车厢的充电插口充电，甚至硬座车厢的人还想办法跑过来。他想到自己在深圳打工的工厂最近开始为企业代工便携充电宝，这种产品技术含量不高，就是几节电池加上一块充电电路板。这种便携充电宝销路很火，一、二线大城市已经流行起来，可是三、四线城市还很少见到。小马立刻意识到，虽然这个项目门槛不高，但是眼下几乎没有竞争者，非常有发展潜力。因为车站上人来人往，旅途中的很多人需要这种可以为手机应急充电的产品。

于是，小马立刻联系工厂的熟人，拿回来一批货，开始在火车站广场附近摆摊。果然，现实情况和小马预计的一样，他很快就有了不错的收益。尝到甜头的小马干脆与火车站广场的一家小超市合作，租下一小块地方。有了固定的经营地点，小马的生意更好了。接下来，他开始为火车站周边的小商店供货，产品销量大增，一年下来轻松入账几十万。

对小本经营者来说，避开热门项目，挖掘冷门项目的市场潜力，是一个很好的选择。热门项目竞争激烈，市场利益分配相对固定，这时候不管谁再进入，其利益空间都不大。同时，小本经营者由于自身实力限制，在相对成熟的市场领域很难打破原有的利益分配格局，因此，寻找相对冷门的项目是一个很好的选择。

不过，不管什么行业，所谓的“冷”和“热”只是暂时、相对的。一个行业能赚钱，可能大家都来了，就成了热门。然而，成功源于“冷”期而非“热”期，真正赚钱的是那些最早行动起来的人。如果你在“冷”的时候进来，很可能会有相当丰厚的回报；如果到了“热”的时候再进来，则可能是：行业虽热，你的项目却“凉”了。

事例中的小马在火车站周边做充电宝生意赚了不少钱，他之前的同事小王眼红不已，原本小马是通过他在深圳工厂拿货，然后再向下分货销售。眼看一年多以来，小马的进货量越来越大，赚的钱越来越多，小王也开始蠢蠢欲动。于是，他辞去工作，回到家乡，也准备在火车站附近推销充电宝。因为已经有了一定的推销经验以及顺畅的拿货渠道，他的项目进行得很顺利，小店很快就弄好了。

可是小王在铺货时发现，充电宝这个产品经过一年多的发酵，已经在市场上热了起来。许多商家开始跟深圳的大小厂家合作，就算内地三、四线城市的小商品城，也很容易就能买到各种品牌、容量的充电宝。而且，这个趋势发展得越来越快，小王的小店经营不到半年时间，各种充电宝产品就如雨后春笋般出现。此时，小马已经经营了两年多时间，在当地的小商品市场中有了固定的销售渠道，受到的影响相对小一些。小王就不一样了，在开拓市场阶段就遇到这样的局面，让他陷入尴尬境地，要么利润上不去，要么干脆就推销不动。

糟糕的事情还不止这些。一方面，充电宝市场的火爆引起资本和大企业的注意，科技巨头小米手机开始推出充电宝产品，凭借过硬的技术和广阔的消费市场，鲸吞了很大份额的充电宝市场。另一方面，不知名小品牌的充电宝厂家遭遇竞争危机，开始以降低质量的方式打价格战。火车站广场周边开始有人流动性兜售劣质充电宝，甚至是假冒产品，进一步恶化了充电宝产品的口碑。结果，小王的生意异常惨淡，小品牌产品卖不出去，大品牌产品利润微薄。

接着，市场上又开始兴起“共享充电宝”，人们在街头只需扫码付很低的租金就可以随时随地用到，根本无须随身携带……最后，开门不到一年，小王的店就关门大吉，他的创业彻底失败。

很多小本经营者看到某项目火，投资少，经营难度小，不假思索便匆匆进入。按说，这样选择在理论上是行得通的，遗憾的是，在这些热门项目中，竞争往往异常激烈。在一定的市场容积内，竞争的人多了，淘汰率自然而然高起来。而且，同样的冷门项目，眼下是市场空缺，可能过了半年、一年，就已不再是冷门项目了。这时候再进入，肯定不会像在冷门时那么好做，甚至天差地别。

商场上没有真正的冷门，也没有永远的热门，两者相互转化。倘若能像小马那样看到冷门后的热点，你就能获得更多财富，绝不能像小王那样一味盲目地抢“热门”。总之，小本经营者要想获得利润，需要用自己的智慧选择那些即将成为热门的冷门生意，而不是盲目跟风进入那些马上就要“凉凉”的市场。

## 危机对你说——“就趁现在！”

2020 年春节前夕，新冠肺炎病毒骤然来袭，对于许多依靠春节旺季挣钱的小本经营者来说，这场疫情带来的影响是巨大的。毕竟春节是一年中为数不多的全民开启消费模式的黄金时段，旅游、餐饮、酒店、影视等行业的许多公司要在春节期间挣钱。突如其来的疫情让所有人都措手不及，许多小本经营者损失惨重，现金流吃紧，面临倒闭的风险。

面对新冠肺炎疫情，小本经营者应该如何面对呢？马云说过：“危机就是危险中的机会。”换个角度看，危机不仅带来危险，也蕴含着赚钱的商机，往往是危机越大，赚钱的商机也越大，这是一条颠扑不破的商业真理。我们不妨看一看 2013 年“非典”疫情中马云是如何应对的。

2003 年 4 月，第 93 届广交会在广州举办。虽然当时有“非典”疫情的威胁，但为了推广客户的产品，阿里巴巴最终决定派出包括副总裁阿里斯曼在内的 7 名员工前往广州参会。结果，7 名员工中的一人返回杭州后没多久被正式确诊为浙江省第 4 例“非典”患者。

公司的气氛骤然紧张起来，阿里巴巴所在的写字楼成为“禁区”，包括马云在内的400多名员工全部隔离在家，12天不许出门，一日三餐由政府专人派送，每天两次由穿着防疫服的防疫人员到公司喷药消毒，这成为杭州自“非典”爆发以来最大规模的隔离。

这样的情况下，公司业务必然受到巨大影响，员工陷入巨大的担忧。面对这样的局面，马云果断部署，通知员工全部在家办公。为了确保每位员工家里都能联网并接入公司网络系统，阿里积极联系杭州电信部门，派出公司技术保障人员，给员工家中装宽带。至于那些没有电脑的，马云则让员工把公司电脑搬回家。马云和另一位公司高层每天挨个给员工打电话，了解工作和生活情况，安抚人心。在这样的应对策略下，每名员工都自觉投入工作，工作热情和效率不降反升。

当时，马云敏锐地察觉到，受“非典”疫情影响，很多国外商人无法来华商谈业务，线下出货渠道基本瘫痪。他果断推出淘宝网，吹响全面进军线上销售的号角。这一举措立竿见影，在“非典”肆虐后的第一季度，阿里巴巴网站的注册用户增长50%，淘宝网用户迅速攀升。这场疫情不仅没有击溃阿里巴巴，反而为其发展提供了更大的商机。之后，更多的人意识到通过网络也能买货卖货，消费观念和消费方式发生翻天覆地的变化，网络销售行业开始蓬勃发展。马云由此一战成名。

即便从字面意思来看，“危机”这个词也包含两层含义：一是危险，二是机会。做生意，尤其是小本经营者，遭遇危机并不可怕，可怕的是被危机吓得方寸大乱，甚至被彻底吓倒。我们要明白，在激烈的市场竞争中，每个企业都可能遭遇危机，小本经营者在危机来临时更加容易陷入困境，这时候一定要想办法在危机中挖掘机会，把危机变成商机。只有如此，才能摆脱困境，迎来更大的发展。

阿宽在家乡开了一家火锅店，生意非常火爆，有稳定的客源和收入。然而，2020 年新冠肺炎疫情暴发后，火锅店生意受到强烈冲击，整整半年无法开门营业。好不容易熬过疫情最严重的几个月，火锅店可以勉强开门，却一连几天没有一个顾客上门消费——大家都被疫情吓到了。

面对这样的困境，阿宽一度想到关门大吉。毕竟一条街上大大小小的餐饮门店都陆续关门歇业，店主因为支付不起高额的房租叫苦不迭。“难道我们这些做小本生意的餐饮经营者要被新冠肺炎疫情击垮吗？”阿宽一筹莫展，但并没有放弃。他觉得天无绝人之路，危机越大，机会就越多，一定要主动寻找破局的机会。

后来，阿宽看到疫情期间大量增长的网购数据——因为无法像往常一样逛街，更多的人选择了网购，这样一来，许多有特色的商家销量反而比平时更好。这让阿宽觉得就算疫情肆虐，其实还是有机会赚钱的。他结合疫情期间人们的消费习惯，把火锅店开到“线上”，先是带领员工进行“吃播”，展示自己的火锅特色，也宣传了企业文化。等积累一定数量的粉丝后，他开始发福利和抽奖，邀请中奖粉丝到店品尝并直播，福利则以赠送特色火锅底料的方式兑现。

这样的线上营销很受年轻人的欢迎。阿宽火锅店的粉丝数量飞速攀升，他顺势推出“火锅外卖”服务，让直播观众在看“吃播”的同时就可以点菜下单，然后以最快速度送货到家。这个业务很快就火爆起来。毕竟疫情把太多的“吃货”困在家中，需要美食来释放压力。接着，阿宽又引入最受年轻人欢迎的“网红吃播”活动，给自己的店引流，很快有了更大的影响，甚至有人联系他商谈加盟事宜。就这样，阿宽的火锅店彻底“活”了过来，也“火”

了起来，利润比以往高出不止两倍。

钢铁大王卡内基说："任何人都不是与成功无缘，只是大部分人都无法自己去创造机会而已。"阿宽跟当年的马云一样能够从危机中看到机会，有新的发展和更大突破，都是因为他们有着过人的眼光和果断的行动。

危机与商机就像硬币的两面，相互依存，是在危机中销声匿迹，还是找到隐藏的商机柳暗花明，完全存乎一念之间。错误的选择可能将企业置于死地，正确的策略则带来意想不到的财富机遇。

小本经营者要认识到危机的另一面是商机。正如古时圣贤所说："祸兮福之所倚，福兮祸之所伏。"危机面前，只有沉着冷静，临危不乱，积极动脑，果断行动，才能把危机扭转成商机，化解危机，找到新的财富契机。

## 有机会，莫错过

商业精英的典范——美国钢铁大王安德鲁·卡内基有一个经典的理论：机遇往往是这样的，它是意外突然地来临，就像浩渺夜空中的流星，又会像电光石火一样稍纵即逝。

对于小本经营者，能否在电光石火间抓住商机，对其经营发展有着重大影响。因为小本经营相对大资本运作，在同等环境下，能抓到的商机远远少于大资本。因此，小本经营者要珍惜和把握住每个机会，在资料、信息、证据不充足又来不及做更多搜集、分析时作出决断，否则错过良机，悔恨莫及。

小牧在天文馆附近开了一家眼镜店，因为新冠肺炎疫情的影响，客流量少了很多。为此，他开始将业务向网络端发展，建了几个福利微信群，才慢慢拉回一些销量。最近，小牧注意到，天文馆的参观者流量突然增加许多，通过询问相关人员得知：2020年6月21日，一场“超级日环食”天文景观即将上演。这次日环食又称为“金环日食”，非常少见。许多人来天文馆了解这方面消息，而且天文馆还推出了定制版的日食观测专用眼镜，吸引许多参观者前来购买。

小牧敏锐地意识到：这是一次非常难得的商机。他立刻联系眼镜厂家，定制了一批日食观测眼镜。同时，通过微信群、朋友圈等渠道宣传这次日食以及观测知识，展示自己的产品。通过网络逐渐引爆此次日食的话题，在网上和到店询问日食专用观测眼镜的人越来越多。小牧又不失时机地招募了几位天文爱好者，在天文馆附近直播带货，借着超级日环食的话题热度推销自己的日食观测眼镜。

因为小牧订货较早，数量较多，价格上相当有优势。尤其是到了观看日环食的前两周，关注的人越来越多，一些眼热的同行才开始行动，跑去厂家定购日食眼镜。这时候不仅货物紧缺，价格也高了不少。到了日食前几天，还有同行跑来找他高价拿货。借着这次“超级日环食”，小牧大赚了一笔。

如今，在信息化时代，人们的生活节奏加快，从来都是快鱼吃慢鱼，机遇一旦错过就很难再追上，“过了这村儿没这店儿”就是这个道理。同时，世界上本来就没有万无一失的成功之路，机会与收获结伴而行，财富则偏爱那些敢于行动、抓住机会的人。这就要求创业者必须有魄力，一旦发现机会就要果断出手，以快制胜，否则就会落在后面，陷入被动。

张威高中毕业后没有继续求学，而是跟着亲戚来到南方一家纸箱厂工作。干了四年后，他感到自己应该创业，可是一直没有适合的机会和项目，这让他很苦恼。

没过多久，网购业务迅猛发展起来，张威所在的纸箱厂经常接到一些快递公司的询价订单。可是这些订单往往数量不大，采购的纸盒尺寸五花八门，利润非常微薄。这家纸箱厂一直给固定几个大企业供货，所以嫌不同尺寸的小订单麻烦，干脆就直接拒绝了。

张威接触网购比较早，忽然意识到，不仅快递行业需要大量不同尺寸的纸箱，越来越多地加入电商行列的小企业甚至个体经营者也需要小尺寸的纸箱。眼看快递行业红火起来，快递员越来越多，张威果断辞职，开了一家个体纸箱加工厂。

张威明白，自己只熟悉做纸箱，而且是小本个体生意，不可能像原先所在纸箱厂那样接一些大订单，因此他直接把客户圈定在快递公司和小规模电商上，每天带着不同尺寸的纸箱上门推销。由于张威有进货资源，又熟悉纸箱加工流程，他的业务模式就是自己采购大尺寸的纸板，雇用工人加工制作成各种小尺寸的纸箱纸盒，这样一来，成本上有相当大的优势。虽然这个生意利润微薄，但是张威相信只要有大的销量就能挣到钱。而且，他认为眼下是电商爆发的阶段，快递业急速发展，自己若能赶上这个“风口”就一定会赚到钱。

就这样，一年时间里，张威积累了大量客户。这些客户都是被张威物美价廉的产品吸引过来的。张威也一直秉承薄利多销的原则，用不起眼的纸箱赚到人生的第一桶金。

所以，抓住机遇，可能就会改变人一生的境遇。人一生的境遇，往往取决于人生道路中的关键几步是走对还是走错了。许多小本经营者往往就是由于各种原因而放弃了大好机会，缺乏发现机遇的眼光以及抓住机会的果断。

因此，对于小本创业者，一定要时刻记住：机遇稍纵即逝，任何犹豫都与它无缘，无法开启成功的大门。简单来说，在你一生中几次重要的机会到来时，是敏锐果断地及时抓住、利用，还是让它们悄悄地溜走，或眼睁睁地看着它们擦肩而过，决定了你的未来和投资成果。

## 你得先动起来！

很多小本创业者有创造财富的梦想，可是总觉得自己能力不足或是条件还不成熟，想等到万事俱备时再行动，如此才更容易成功。可是他们忘了，时局不断变化，机会稍纵即逝，等到万事俱备时，早已错过最佳时机。这时候，即便你准备得再完备，能力再出色，也没有用武之地了。

曾经看到这样一个小故事：

一天，养鸽人发现自己的鸽群引来一只落单迷路的鸽子。过了两天，他想办法抓住鸽子才发现，这是一只血统优良的信鸽，有脚环编号和比赛编号。碰巧他知道前几天刚刚举办过一场信鸽比赛，便上网搜索相关信息，发现举办方发表声明说比赛当日出现意外，许多信鸽因为受惊吓迷失，还说如果有人发现迷路的鸽子可以联系举办方进行回收，会有酬劳。

第二天，养鸽人发现鸽群又吸引来一只信鸽，他又去论坛查看信息，发现举办方把寻找鸽子的酬金提高了。此时他忽然多了个心眼，心想干脆再等几天，没准儿还会再飞来几只鸽子。就这样，他又等了两天，虽然没有再飞来信鸽，可是举办方又提高了寻找鸽子的酬劳。养鸽人又想，干脆再等几天吧，没准儿酬劳还会再提高一些呢。

然而两天后，他发现那两只信鸽竟然从笼子里逃了出去，自己一分酬劳也没有拿到……

许多听过这个故事的人都不由地发出感叹：要是养鸽人早些把鸽子送给举办方，最起码可以得到一笔不少的酬劳。可是，因为他左思右想、等来等去，结果失去大好机会，一切都没了。小本经营者可以从这个小故事里悟到一个道理，那就是该行动的时候就要及早行动。

经营事业同样如此，并非一步到位，完全可以先行动起来，然后再完善条件，让自己做得越来越好。当条件还不成熟且机会难得时，与其等待万事俱备，不如学习诸葛亮草船借箭之策，让自己更容易达到目标。因为时局变化莫测，机遇不等人，一定要等到万事俱备才去做，结果只能是错过。

许多看似微不足道的机会，有的人可能不屑理睬，或者只是想想却没有付诸行动。但是，有的人却牢牢把握住了机会，结果自然截然不同。所以，要想抓住机遇，及时行动很关键，就像俗语说的“馒头要趁热吃”，该行动的时候一定要动起来。很多时候就是因为你比别人早行动了一两步，便得到了意想不到的收获。

王培，一个普通的农民，在村里经营一家小饭馆。后来打工潮兴起，许多亲朋好友出门打工。这些人回来时都是满载而归，免不了要在王培的饭馆吃饭聊天。饭桌上，大家就说起南方的工厂遍地都是，各种小商品非常便宜，如果能多带点回来摆摊，很可能会赚不少钱。

说者无意，听者有心。王培觉得去南方打工的人越来越多，必然有人走这一步。于是，他跟妻子商量想去镇上开一个小商品店。妻子有些犹豫，觉得冒险，但是王培认为时间不等人，这样的买卖即便自己不做肯定也有人做。于是刚过完年，王培就在镇上的汽车站附近租了一个店面，做起了小商品生意。

果然，从南方工厂直接拿回来的小玩具、小礼品精美又便宜，深受广大消费者的欢迎。王培的小卖店生意很红火，当年就挣了一笔钱。紧接着，附近不少人开始做起这个生意，因为货源充足，生意也不错。第二年，王培的生意就没有那么火爆了。他一边想办法提升销量，一边考虑下一步的打算。

王培认为小商品生意虽然火爆，可是竞争越来越激烈，一条街上全是卖小商品的。这种情况下，即便顾客再多也不够分！看着许多乡村的小卖店都来镇上进货，整条街经常是人来人往，王培又跟妻子商量把家里的饭店搬到镇上来。虽然觉得心里没底，但是两人还是决定试一试。于是，两人拿出开小商品店所挣的钱，在小商品一条街旁边开了一家快餐店。因为许多乡村进货的小店主往往是上午坐车过来采购，中午就近找饭店随便吃点，下午再坐车赶回去，所以王培的快餐店成为他们就餐的首选。

后来，小商品店的竞争越来越激烈，利润越来越低，王培干脆关掉小卖店，专心经营起快餐店。因为他做饭手艺好，饭菜味道好，价格便宜、分量足，很快得到人们的认可。就这样，王培的快餐店一干就是十年，在当地小有名气。如今，王培的快餐店已经升级成大酒店，不仅有各种美食快餐，还提供住宿业务。在当地能有这样成就的人没几个，王培已是远近闻名的风云人物。

很显然，王培的成功是因为他不仅有眼光，比别人先看到机会，而且能够在第一时间动起来，把项目落到实处。当别人都在务农、打工时，他做起了小生意；当小商品市场开始扩大时，他的思想和眼光也开始变化，转而干起依托人流量的快餐店，有所积累后又第一时间开起酒店。正是因为他事事比别人先行一步，而不是非要等看清所有趋势后才行动，所以才赚取了大笔财富。

对于小本经营者来说，如果看准方向，该出手时就要出手。如果你遇到了好项目，就不能犹豫徘徊、左右观望，因为当你分析项目可行性、思考如何运作时，别人很可能早已行动起来抢了先机！

因此，做小本生意，只要认为有利可图，就要快刀斩乱麻地决定并立刻付诸行动，认为无利可图就干脆不干，切不能优柔寡断，因为小本经营没有等待时机、寻求利益最大化的条件。换句话说，你根本没有拖下去的资本。如同上面例子中的养鸽人，他希望再等几只鸽子、酬劳增加一些再行动，可是没有想到自己面临的风险，最终只是一场空。

优柔寡断不是商人的气质，更不是小本经营者应有的性格。犹豫不断、瞻前顾后对于小本经营者是发展壮大的巨大阻力。只有坚决果断、敢拼敢干，才会最终获得成功。

# 第二章 小本创业要有“小强精神”

——本虽小，心态强

投资无论大小，目的只有一个，那就是获得收益。所有的投资者都希望收入多多益善，生意越做越大。事实上，很多时候，收益多少与生意大小并非直接挂钩，许多做小买卖的生意人一样能够挣大钱。相反，那些看不上小本项目，看不上“小钱”，一心只想做“大生意”、发大财的投资人，往往忘记了积少成多、聚沙成塔的道理，最后竹篮打水一场空。

## 大买卖、小买卖同样“刺激”

凡是成功的企业家，无论投资项目有何不同，他们都有一个相同的特点：不放过任何一个小机会。哪怕是再小的买卖，他们都会以最认真的态度去面对。然而，生活中有很多投资者常常会忽略身边一些看似不起眼的小买卖，觉得小钱赚起来吃不饱。其实，他们错过了无数好时机而不自知，依旧空等着发大财。

一天晚上，张先生在单位加班到晚上 10 点左右，感觉肚子有些饿，于是就走进附近的一家小饭馆，点了一份蛋炒饭。不料老板走出来一边道歉一边说米饭已经用完，小店也要打烊了，不再做任何食物。张先生虽然心里不是很高兴，但毕竟已是晚上 10 点，也觉得没什么好说的，只能重新换了另一家小饭馆。

这家饭馆也没什么人。他点了蛋炒饭之后，隐约听到后厨的说话声：“米饭没有了。”“再煮一锅吧。”“再煮一锅？”“对，再煮一锅。”

于是，等了近半个小时，张先生吃到了蛋炒饭。等他吃完准备离开时，老板也准备打烊了。张先生好奇地问：“饭馆都要打烊了，你再煮一锅饭岂不浪费？你完全可以叫我再换一家餐厅的。”

“我不觉得是浪费，”老板说，“虽然我这个饭馆很小，但是不会忽视任何一单生意。虽然你这碗饭我只能挣一点小钱，可是如果我连小钱都挣不好，还怎么挣大钱呀！哈哈……”

张先生听完饭店老板的话，由衷佩服起来。从那以后，他时常到这家饭馆用餐，甚至带来不少同事。大家都非常喜欢这个老板认真负责的态度。就这样一传十、十传百，这个小饭馆的生意越来越好。没过两年，老板就扩大规模，将小饭馆发展成大饭馆。

现实中，很多小本创业者不把“小钱”放在心上，甚至不屑一顾。这种态度是万万要不得的。没错，一个大客户也许一次能带给你 10 万元的收益，是 10 个小客户累加的总和，但如果你把所有希望都寄托在大客户身上，可能就会怠慢小客户。不知不觉中，你的漠视、懒怠可能会让你失去 10 个小客户，而他们可能有朝一日成长为大客户。

有些小本经营者还会有种错误的想法，那就是：我是小本买卖，不管是产品还是服务没必要太较真，差不多就得了。这样的想法是大错特错的。要知道，再小的买卖也蕴藏机遇，正确的态度能够帮助你从别人易忽略的小机会中发现大机遇，做出准确判断，一举成功。

小本经营者一定要明白大买卖与小买卖的因果关系。事实上，那些成功人士在他们初期起步时生意规模都不大，都是小买卖。例如海尔集团，当年不过是青岛一个濒临倒闭的电冰箱制造厂；如今在青少年中人气较高的运动品牌匹克，当年只是福建一家小小的运动鞋代工厂。一些行业的领先者，往往都是从小买卖开始做起的。他们在发展过程中一点点积累经验，一步步成熟壮大，这才最终做成大买卖。所以，小本经营者一定要认清这一点，避免让自己犯看不起小买卖的错误。

王倩很小的时候就开始外出挣钱。最初，她在湖北秭归的一个小镇上卖茶，一块钱一杯。因为她的茶杯比别人大一号，茶水物美价廉，态度非常好，所以深受顾客喜爱。三年后，她把卖茶的摊点搬到荆州，扩展了茶品产品线。渐渐地，她的小生意有了起色，赚的钱越来越多。她并不甘于摆小摊，有了更进一步的打算。

又过了三年，王倩仍在卖茶，不过卖茶的地点又变了，她来到省城武汉，卖茶的小摊点变成了小店面。王倩每天早上都要精心煮一些品尝茶，客人进门后，她会第一时间送上热乎乎的免费香茶。在她的小店，卫生间是向社会免费开放的，哪怕是路过的行人也可进店使用。好口碑让她的茶店生意越来越红火，但凡光临的顾客，或多或少会花钱买上一两袋茶叶。虽然生意越来越好，但王倩知道这不是自己的最终目标。

“我终于让那些原本喝咖啡的顾客喜欢上了喝茶……”说这句话时，她已经把茶庄开到了中国香港和新加坡。如今，王倩已是国内有名的茶商，几十家茶庄遍布长沙、西安、深圳、上海等大中小城市，甚至开到了国外。用王倩的话说：“我的成功没有秘诀，只有坚持不懈，从小买卖到大买卖一步一步做起来。”七年时间，王倩的最大梦想实现了。

小本经营者一定要清楚成功不可能一蹴而就，它需要一个过程。所以，即便是做“小买卖”，也需要做好长期奋斗的准备，有充分的耐心去等待。成功不是朝夕之间的突变，需要不断积累，把每件事情做好。因为持续不断地做好每件小事，才是成功必备的条件。

常言道，“莫以利小而不为”。小钱不肯赚，只想挣大钱，到头来不但大钱没赚到，甚至连小钱都赔了精光。这句话是很多成功企业家的座右铭，他们明白只有不嫌弃每一分硬币，经过积累的过程，自己才能获得更多财富。

“骐骥一跃，不能十步；驽马十驾，功在不舍。”成功的秘诀在于能否正视每一笔小生意，从小买卖到大买卖，一步步走向财富梦想。所以，明智的生意人从来不会拒绝任何一笔小生意，他们会因善于积累而变得富有。

## “赔了怎么办”，这个问题只能想一次！

对小本经营者而言，创业是一次又一次面对未知进行大胆决策并付诸行动的过程。这个过程永远不可能一帆风顺。无论多么成功的企业家，其创业过程从来都不可能只是顺风顺水。换句话说，经历挫折和荆棘是创业中的常态，小本经营者一定要正确面对不可预知的风险和挫折，树立起“小强心态”。毕竟，一个整天想着“赔了怎么办”的创业者，是不可能经营好项目的。

任何新的投资项目摆在眼前，可以说其前景、成败、收益都是未知的。虽然很多时候已经做过推演和计划，并且告诉自己要做好应对各种局面的心理准备。然而，很多小本经营者由于无法战胜对未知的恐惧还是畏首畏尾，不敢大胆尝试。偏偏这种总是担心失败赔钱的心态是最不能有的。

吴超是一个头脑比较灵活的年轻人，上大学时，学机械设计专业的他就想在老家创业做新型农业设备。经历各种困难后，一切准备就绪，包括投资人和机械设备，可就是一句话毁掉了这一切。原来是到最后他父亲问了他一句话：“万一赔钱了怎么办？”

可能父亲只是随口一问，但是这句话却像大石头一样压在吴超心上。他纠结了整整一晚上，最终还是决定放弃创业。投资人感到震惊和困惑，因为他知道吴超的设计相当靠谱，产品也有很好的市场前景，为什么轻易放弃这么好的机会呢？最后，投资人才明白，原来吴超是担心失败赔钱……

吴超始终没有跨过这个坎儿，后来他又发现了很多商机，每次的结果都一样：因为害怕失败而没有实行。大学毕业后，吴超找到一份自己并不怎么喜欢的工作。舍友问他为什么要签约，吴超说：“我已经投了不少简历，这个公司的条件还算可以，我就签约了。万一拒绝了这家公司，我再找不到工作怎么办？”

听了这话，舍友只能苦笑。果不其然，吴超干了不到一年就辞职了。辞职以后，他的状况更糟糕，自己喜欢的工作因为怕应聘不上而不敢投，被不喜欢的岗位录取又没有勇气拒绝，投资又担心赔钱。就这样岁月蹉跎，吴超越来越消沉，连喜欢的女孩也不敢表白，说是怕被拒绝……

其实，人生的道理是相似的，成功者的成功之路各有不同，失败者却总有一些共性。而他们最大的共性就是没有勇气面对未知的风险。现实生活中有太多这样的人，他们总是给自己找理由，不断地对别人说，“我不是不想做，而是觉得成功的概率太小”；还有些人失败了一次就再也没有站起来的勇气，当别人鼓励他们继续尝试时，他们总是推辞：“还是算了吧，我就算做了也只能失败……”

因此，小本投资者必须避免这样的心态，培养勇气和胆量。“初生牛犊不怕虎”，说的就是那份面对未知无所畏惧的勇气。很多亿万富翁年轻时都是从小本生意做起，他们用自己艰苦奋斗挣来的钱投资，最终成为站在财富顶端的人。可以试想，同一时代的年轻人那么多，和他们一样资金有限同时起步的投资者那么多，为什么只有他们最终成就了与众不同的财富奇迹呢？正是因为他们敢于在风浪中承担风险，敢于在投资时正视未知的风险。

赵先生原本是一名国企职工，后来辞职下海经商。当时他已届不惑之年，正是追求安稳的时候，因此这个决定遭到很多亲朋好友的强烈反对。人们纷纷劝他：你都多大岁数了，还喜欢穷折腾？倘若失败了，一家人难道要喝西北风？面对亲友的劝告，赵先生信心百倍地说："放心吧，我非常清楚创业的风险，有可能赚钱，也有可能赔钱，这些事情都想好了，你们不用说了。"

话虽这样说，其实赵先生在选择项目时心里并没有底。为此，他先后 3 次去深圳，先是在一家外贸公司承揽了一批劳保袖套的单子，然后让妻子在家采购几台缝纫机，在附近一家仓库租借两间库房作为厂房，又临时在周围村镇招聘会用缝纫机的女工，快速投入生产。

这种"临时搭戏班"的厂子引来不少亲戚邻居的非议。有人笑话说："这草台班子能接几个活？弄不好所有的钱都得搭进去。"有人说："这不是胡闹吗？赚钱哪是那么容易的事情！"赵先生并不在意，他认为这种技术含量不高的订单，主要的盈利点就是人工费，只要自己和妻子做好质量品控，单子一定会越来越多。

最初几个月，因为本着薄利多销的原则，赵先生没有真正赚到钱。但他始终没有动摇，坚信自己已经迈出通往成功的第一步。凭借认真的态度和严格的品控，赵先生的小厂子坚持了下来。之后，由于中美贸易摩擦，很多工厂的外贸订单大量减少，人工费用成为这些老板无法言说的痛。为了节约成本，不少人把目光转向内地，利用一些小工厂做代工。就这样，像赵先生这样的代工厂一下子吃香起来。一段时间，他接到了许多劳保服装订单。之后，赵先生的小作坊规模逐渐发展壮大，不仅挣了不少钱，还为家乡创造了不少就业机会。

赵先生之所以能够成功，抛开经济大环境不谈，最根本地应归功于他面对未知风险时不退缩不放弃的态度。他从小小的劳保袖套白手起家，始终相信自己能成功，不怕失败和挫折，最终取得了理想的成就。

不难发现，正视风险的态度真的很重要。内心无所畏惧，你就成功了一半。相反，如果总是担心遭遇失败和挫折，每一步踏出去都畏首畏尾，每一脚踩下去都惶惑犹疑，那怎么可能取得成功？小本经营者的成功基石是经营者对经营本身的决心，决心越大，信心就越足，成功的概率就越大。

有人说过：“勇气就是最宝贵的财富。”从这一角度来说，勇气是我们投资的第一本金，只要你切实利用它，敢于迎接风浪，承担风险，就会成功。只要不怕翻船，就注定能走远。那些成功的投资人，虽然知道投资蕴藏着风险，但却敢于冒险，不惧怕失败。而持观望态度的人，一想要做决定就忍不住想“失败怎么办”，他们的成就便远远比不上勇敢行动的那些人。

## 既然出小钱，就要使大力

小本创业者没有雄厚的资金对抗行情起伏，只能靠勤奋出力帮助自己赚取收成。常言道“出小钱，使大力”，可以毫不夸张地说，出力是小本创业者入门的必修课。只有上好这一课，才有成功的希望。

张女士为了要二胎辞去工作，孩子上幼儿园后，她再出来找工作时遇到了一系列难题。因为年龄偏大，许多岗位竞争不过年轻人，又因在家赋闲几年，企业也不愿意接受她。她一再降低求职标准，甚至到饭店打工、开排档、跑销售，饱尝生活的艰辛，但始终没有找到合适的工作。

后来，她静下心来仔细考虑自己的情况：一是年龄偏大，二是家庭财务状况很普通，没有太多的资金用来投资。可是她清楚自己的优点，那就是勤恳踏实，精于操持家务，做事情精打细算有条理。她认为现在外卖行业非常火，自己没有实力开一家餐饮外卖店，也没有能力风里雨里奔波送外卖，但是可以发挥自己的优势，为外卖店送菜。可是现在许多菜市场也推出了送菜业务，该如何提升自己的竞争力呢？

经过了解，张女士发现外卖强调时效性，许多小店进菜后还要耗费人工清洗和整理菜品，这也是耗时、耗费人工的环节。于是，她从这个环节入手，开设了一家净菜配送中心，主要从事帮买菜、拣菜、送菜入室等工作，甚至根据外卖店的菜品要求把菜切好，然后用最快的速度送上门。

就这样，张女士靠着这个“出力”的业务，揽下附近不少做外卖的小店生意。因为她的菜处理得非常干净，送到就能直接下锅使用，不少外卖店不再从菜市场进菜，转而从张女士这里拿菜，成为她的长期客户。张女士的生意越做越大，获得了一笔丰厚的经济利润。

一切财富都来自勤奋和付出，这个道理从古到今始终没有变过，尤其对小本经营者来说更是如此。刚开始，小本经营没有雄厚的财力、物力支持，不可能雇用很多劳动力、购买先进的生产设备，所凭借的只有辛苦付出。

事实上，每个成功者的背后都是披星戴月的辛劳和苦痛。在财富的盛宴上，那些衣着光鲜、被光环笼罩的成功人士，无一不是深谙此中滋味的英雄。因此，小本经营者必须懂得付出与收获的道理，凭借出大力积累第一桶金。

刘博出生在东北一个偏远农村，祖上几辈人都守着几亩薄田度日。刘博不甘心像父辈一样，一心想要外出开创一番事业。临行前，父亲对他说：“你身无分文靠什么挣钱呢？我们命该如此，你就别瞎折腾了。”刘博说：“我不缺胳膊少腿，也不傻，只要肯干，一定能挣到钱。”他带了些衣物和干粮，就义无反顾地离开家乡，走上了谋生之路。

一次，他来到内蒙古东北部，发现这边地势平缓，都是肥沃的黑土地，许多企业过来承包大块土地用来种植土豆。每年到了收获季节，这一带全是大型机械设备翻地收土豆。机械设备的工作效率虽然很高，可是有一个缺点，那就是会漏掉不少土豆。虽然漏掉的大部分是小土豆，但当地许多人会在机械设备撤走之后再来捡拾这些被漏掉的土豆。地里漏下的土豆是任何人都可以来挖来捡的，但是挖起来比较辛苦，又费时间，许多人挖到一点后就心满意足地走了。刘博灵机一动想到一个主意：如果每天都来挖土豆，攒够一定数量后就可以拿去市场卖，这样等收获季节结束，说不定会赚到一笔呢！

勤奋的刘博说干就干。第二天一大早，他便找来铲子和竹筐去地里挖。因为他年轻肯干，所以收获不少。之后，他每天都像上班一样去地里挖土豆，然后以相对便宜的价格转手卖给附近的饭店与百姓。就这样，刘博挣到人生的第一笔钱。这时候他明白过来，只要自己坚持付出，就可以换来更多的收益。这就是劳动等于财富的道理。

接着，刘博拿着这笔积蓄准备投资。他看准买卖牛羊的生意，贩卖了一批牛羊。在这个过程中，他付出了比别人更多的努力：在卖出去前，每天起早贪黑给牛羊打草料，精心照顾，看到牛羊身上脏了就冲洗掉，避免它们有小伤病。所以，等到这批牛羊被拉到市场的时候，买家一看就被吸引了，还因为品相好给出比其他商贩更好的价钱。

就这样，出身贫寒的刘博靠自己的勤劳刻苦，最终从农村穷小子变成腰缠万贯的大商人。

其实，经营就是买卖的艺术，大规模的资本运作投资是艺术，小本生意能使客户满意也是一种艺术。这也体现了营销的智慧。刘博就是通过付出更多的附加劳动值的方式实现自己的营销。付出劳动收集地里遗漏的土豆，费力气照顾牛羊，都是非常琐碎的工作，但正是这种需要花功夫工作的琐碎，让刘博获得了收益。这就是出力的价值所在。

很多时候，没有资金优势，没有技术优势，没有资源优势，靠的就是出力。在如今竞争激烈的商业化时代，小本经营者要更舍得出力，有吃苦耐劳的精神，付出比常人更多的努力，才能弥补资本上的短处，得到比常人更多的收获。

## 打不倒你的，只能使你更强大

对于小本经营者，失败其实是一件大概率的事情，毕竟项目小，资金体量小，一旦出现偏差或者市场大环境发生变化，影响相对大很多。不过，我们要明白，即使身处逆境或贫困的深渊，也一定要咬牙挺住，甚至在生意失败、公司破产、遭受重大损失时，也要忍耐，不能放弃顽强的斗志。因为客观投资规律决定了小本赚钱要以忍耐为重，留得青山在不愁没柴烧，只要自己不放弃，就没有失败可言。

一个年轻的小伙开始创业之路时，选择了最普通的服装行业，在家乡开了一个服装厂。为了打开销路，他时常带着样品到全国各地推销。为此，他结识了江西省景德镇的一家外贸公司，并且受到对方的认可和支持，一下就拿到高达 30 万元的订单。欣喜万分的他立即贷款、买布料，招聘十里八乡的裁缝，一段时间的赶工后，终于把订单完成了。可是等到把货发给对方时，对方却说面料不合格，然后把所有服装如数退回。

就这样，年轻人失败了，还欠下大笔债务。但是他没有自暴自弃，而是反思自己为什么会失败，找到原因后想继续创业，认为自己还有机会。当时他手里没有多少钱，只能找舅舅帮忙，后来在舅舅的帮助下又拿到了订单。这一次，他亲自监工，每天吃饭、睡觉都在工厂里，以保证产品的质量和品质。有了好的产品质量，订单自然多了起来，他的工厂开始慢慢盈利。

一天，工人们在裁剪一批西服时，把袖子全都裁短了一截。面对这个失误，年轻人没有慌乱，而是选择将错就错，把袖子接上其他布料，同时把西服的下摆也裁去一截，接上其他布料。没想到，这种拼接的西装竟然卖得非常好，受到很多年轻人的欢迎。

随着工厂发展得越来越好，年轻人想要创立自己的品牌。1993 年，他开始生产自己品牌的衣服，慢慢尝试销售。一开始，他行事非常谨慎，还保留了批发服装的业务。第二年，他尝试新的销售模式：公开成本价，包括面料、纽扣、电费等，然后把主动权交给消费者，让消费者定价。这种方式很受欢迎，所有衣服被抢购一空。这种创新性的营销模式也受到媒体的关注，他的品牌开始流行起来。

一年后，年轻人开始全面向服装行业进军，成为国内著名品牌。这个品牌就是美特斯邦威，这个年轻人就是其创始人周成建。他的成功，原因是多方面的，但更多的是不管成功还是失败，他都保持冷静、坚忍的心。

事实上，那些不惧失败、有韧性的人，往往都能够得到他需要的东西。人的一生中难免有挫折，要想事业有成，就要敢于面对现实，不畏挫折，坚韧不拔，如此一来，没有任何东西能够阻挡你前进。

韧性是成功之路的动力，人只有做到坚韧不拔才能转败为胜。小本经营者面对困难，面对逆境，只有不屈不挠、百折不回，才能敢想、敢干，敢于面对现实，事业有成，成为真正的强者。

2000年前后，国内的互联网产业泡沫破碎，许多互联网企业出现前所未有的低潮，当时正值事业起步的阿里巴巴也受到波及。因为始终无法盈利，为了避免公司资金出现问题，马云只好将总部迁回浙江老家杭州，把业务战线从国外迁回国内。

虽然电子商务的国际化道路遭遇了挫折，但是马云和他的团队从来没有放弃，没有停下工作，而是热情更高，干劲更足。“我们坚信网络一定会火起来，只要我们活着，不死就有希望。”

为了应对这次危机，马云和他的团队借机培养干部队伍进行“南泥湾开荒”工作，坚持不能靠别人，要靠自己创造财富。那段时间里，许多人不看好电子商务，认为马云弄的阿里巴巴迟早要关门。对于这些非议和质疑，马云根本没放在心上，还是坚持做自己该做的。事后，他说：“如果一点挫折就能让我放弃的话，我们阿里巴巴不会做到今天。”

就这样，凭着百折不挠的精神，阿里巴巴渡过了互联网的低潮期。当互联网开始复苏时，马云竟然显得有些舍不得。他说：“我还有很多那个时候的录像，我跟我所有同事讲，感谢上帝给我们这次寒冬，使我们可以静下来，使得我们可以更加专注地做我们应该做的事情。”

挫折是最好的教师，它能使你学到并深刻体验许多知识，并难以忘怀；它将使你认识到自己的能力、局限。因为失败，所以才更有可能接近成功，更珍惜人生难得的机遇。所以，当你面对挫折时，不要抱怨世界的不公，也许正是这次挫折让你离成功更近。

小本创业者一定要先在心里问一问自己，面对从肉体到精神的全面折磨，自己有没有那种宠辱不惊的定力与耐力。如果没有，最好放弃。对有些人来说，一辈子给别人打工，做打工仔，是更合适的选择。

生活中，被困难挫折击垮的人实在太多，是因为他们被自己的怯懦困扰着，始终无法走向成功的彼岸。那些成功人士之所以成功，是因为他们承担了无数次的打击和压力，承受了无数次的失败和挫折。在他们眼中，失败不是自己人生的结局，而是一个个小插曲罢了。他们赢得了，更输得起，所以才能在一次次失败中重新站起来，迎来事业的成功。

小本创业是不断摸索的过程，难免犯错误。因此，小本经营者不管是遭遇挫折还是碰上低潮都是常有的事，这时忍耐是治疗方寸大乱的良方。在忍耐中不断反省，就会在忍耐中崛起。

## 想要摆脱贫困，就不要怕一无所有

很多小本经营者是从一无所有开始的，经过一番努力和拼搏才赚下一点点家业。因为好不容易创业成功，这些人珍惜和看重这一点家业，因为经历过一无所有，这些人更惧怕再次一无所有。

然而事实就是如此，你越是惧怕什么，什么就随之而来，这就是我们所说的墨菲定律。对小本创业来说，如果你惧怕再次回到一无所有的困境，做事就会畏畏缩缩，失去勇往直前的魄力和信念，慢慢地变得越来越输不起。一旦你有输不起的心态，结果只能有一个：彻底输掉。

法勒是美国的一位律师，一生都在为黑人权益奔走，在社会上拥有很高的地位。他的律师之路经历了 48 次考试失败，成为律师时已经 61 岁。

36 岁时，法勒目睹美国黑人遭遇的种种不公，于是立志成为一名律师，为黑人谋取正当权益。这一年，他第一次参加加利福尼亚律师资格考试，但不幸失败了。之后，他在洛杉矶、圣地亚哥、旧金山和加利福尼亚等所有地方都参加过考试，但都以失败告终。

25 年内，他参加了 48 次考试，经历了 48 次失败，但从没有想过放弃。他不断学习法律知识，提高专业技能，终于获得成功，之后更加努力工作，成为受人敬仰的人物。

考场上，有成功有失败；比赛场上，有赢也有输。失败，不是结局，而是意味着重新再来的机会。如果我们有输不起的心态，那么在沮丧、害怕的影响下，信念和勇气就会慢慢被瓦解，成功就成为遥不可及的东西。在创业场上，有成功也有失败。失败就失败了，懊恼、不甘都无法改变事实，只有接受，然后东山再起，才能摆脱贫困，获得财富。

记者采访一个拥有亿万资产的富翁，问他在一无所有的时候，到底凭借什么走到现在，富豪笑着说：“虽然在别人看来我当时一无所有，但我知道自己还拥有勇往直前的信念。”

没错，一无所有既是不利条件，没有资源、人员、资金，生存和发展处处受限，然而它也是有利条件，因为已经一无所有就不会害怕再失去什么，就没有了顾虑和犹豫。古代，韩信为什么能背水一战，就是因为已经一无所有，不怕失去什么；现代，很多成功者为什么能勇敢直前、全力以赴，就是因为已经一无所有，没有什么可顾忌的。

郑周永出生在朝鲜半岛一个贫苦家庭，兄弟姐妹多，他是老大，从小就担负起看管弟弟妹妹的责任，并且需要帮助父亲做农活。父亲希望他能成为一个农民，可是他却一心想走出农村，改变命运。

十几岁时，他一次次外出打工，做过苦力、工人等活计，后来在一间米店做学徒。因为他很聪明能干，老板很喜欢和器重他，重点培养他管理米店。一天，米店老板突然生了重病，不得不将米店交给郑周永打理。他一夜之间从一无所有的小伙计变成米店的经营者。后来，因为战争，所有米店不得不关门，这给郑周永以巨大打击。但是他没有气馁，而是豁达地想：我原本就一无所有，是因为老板的信任和器重才有所收获，现在又变成一无所有，没有关系，只要再重新开始就好了。

之后，他转行修理汽车。当时汽车修理业很好赚钱，然而正当他准备大干一场时，他的修理厂被一场大火烧为灰烬。面对再次一无所有的困境，郑周永没有被压垮，而是四处借钱重新办起“阿道汽车修配厂”。他兢兢业业地工作，积极学习专业知识和技术，慢慢地把修理厂发展壮大起来。战争结束后，郑周永建立了“现代自动车工业社”，很快发展成为拥有近千员工的大型修理厂。1967 年 12 月，郑周永成立了现代汽车公司，和老牌汽车公司福特达成合作关系，企业发展迅速。没过多久，郑周永的工厂开始独立生产汽车。

1976 年 1 月，郑周永去日本和英国学习先进的汽车生产技术，生产出第一款微型汽车。这款微型汽车一上市，就迅速占领韩国市场，使现代汽车成为汽车领域的一匹黑马。郑周永曾经因为一次次意外而失去财富，变得一无所有，但是他没有屈服，而是保持强者的心态。他知道：比一无所有可怕的，是输不起和失去勇往直前的信念。

事实上，当现实让我们变成一无所有时，摆在我们面前的通常有两个选择：一是就此消沉，二是重新再来。既然我们可以从一无所有变成小有成就，为什么不抓住失去后重新再来一次的机会呢？

小本经营者必须明白，原本我们就是一无所有、白手起家，这没什么可怕的。只要我们不缺少勇往直前的勇气和信念，不放弃努力和拼搏，就会再次成功，更有成就。一旦我们惧怕失败，畏手畏脚甚至自我放弃，恐怕一辈子都只能一无所有了！

所以，小本创业者要想摆脱贫困，真正获得财富，就不要怕一无所有。最糟糕的情况不过如此，为什么不让自己拼搏和努力一番呢？

## 小本经营考验你的“轻、重、缓、急”

在竞争越来越激烈的今天，如何在数以亿计的创业大军中杀出重围，建立事业，是每个小本经营者必须面对和思考的问题。这些奔波在财富路上的人虽然各有规划、方向，但相信目的只有一个，就是找到自己的财富之路。在这条道路上，一些人选择把项目做大做强，力争做领域的佼佼者；也有人选择挖掘市场空白点，以便寻找最佳的投资机会。无论如何选择，一个很重要的原则就是在经营过程中分清轻重缓急，学会动脑经营项目。否则，一味没头脑地瞎忙，却不关注效率和效果，除了失败恐怕不会有其他结局了。

正所谓“凡事预则立，不预则废”。做事有规划更容易成功，投资创业、经营管理也是如此。如果分不清轻重缓急，等于是前行失去了方向，很可能到头来瞎忙活。要知道，财富喜欢积极主动的人，更喜欢做事有条不紊、计划周全的人。然而不幸的是，很多小本经营者一开始充满激情，每天不顾一切地向前冲，到最后却没有任何收获，仿佛财富从来都不曾眷顾他。正是因为这些人做事像无头苍蝇一样横冲直撞，结果辛苦了半天，只是白白浪费时间、精力和金钱。

吕天宇在大学城开了一家小吃店，因为经营用心，比较有特色，生意相当红火。后来，一心想要把生意做大的他盯上了连锁经营的模式，认为如果能够尽快地开更多的分店，扩大规模，一定会取得更大的成功。于是，他开始了自己的扩张计划，先后在另一个大学附近开了一家分店。过快开分店的背后却存在很多问题，首先是资金不够，管理经验不足，其次是缺乏对市场的把握和考察，导致生意没有吕天宇预期的那么火爆。

后来，吕天宇不得不冒险采用集资的方式试图盘活流动资金。可是资金的窟窿实在太大，根本无法盘活。分店开张没多久就纷纷关门，集资筹措的资金也打了水漂。吕天宇背上了沉重的债务。

其实，吕天宇的小吃店生意不错，又拥有大学城这个很好的大环境，只要他沉稳发展，一步一步稳扎稳打，相信未来非常有可能如他希望的那样走连锁经营的模式，或许还可能成为不错的连锁品牌。但是他太急功近利了，不分轻重缓急盲目快速扩张，反而让自己陷入失败的深渊。

小本经营者如果在经营过程中毫无计划地盲目投入，相当于士兵在战场上没有方向误打误撞，是不可能成功的。换句话说，小本经营不怕没钱赚，就怕不会赚钱，毫无计划安排，盲目投资，即便再勤快也不会有好的结果。想要获得财富，不要盲目行动，不妨事先做好规划，想好自己想做什么，描绘一下财富蓝图，有的放矢地去做，相信会事半功倍。

在武汉上大学的常青非常喜欢吃本地小吃卤鸭脖。后来，读金融专业的她考取了上海一所大学的研究生，离开了武汉。这期间，她因为饮食方面水土不服，相当想念武汉的卤鸭脖，可是网购的卤鸭脖又没有她常吃的那家美味，让她感到相当遗憾。毕业后，常青迷惑不解：这么好吃且能够让人心心念念两年的美食，为什么在其他城市吃不到呢？

其实，武汉的卤鸭脖早已在当地风靡十几年，只是因为良莠不齐，有的店好吃，有的店不好吃，所以虽然名气大，但影响力有限。常青想到：自己吃的这家鸭脖是大学同学公认“吃了就忘不掉”的美食，是其他店无法比拟的，为什么不把它做大、做成品牌，让更多的人品尝分享呢？

说干就干。常青立刻赶到武汉那家小店，和老板洽谈后，谈妥了合作流程和条件，然后在上海一个学校相对集中的小街上开起一家武汉卤鸭脖店。因为讲究原汁原味，所以常青的卤鸭脖店严格按照武汉那家小店的流程来制作，每天早上工人都会架起炉灶，把调味后的鸭脖子放在锅里精心卤制。就这样，小店门口一整天都会弥漫着香喷喷的鸭脖味。因为味道纯正，顾客只要吃上一口就很难忘怀，成为回头客。时间长了，常青的店面非常火爆，卤鸭脖的销量一直居高不下。

这时候，不少人上门询问如何加盟的事情。在常青看来，加盟连锁店还不是眼下要考虑的，因为她还没有制定出一整套加工鸭脖的流程，同时认为对于发展连锁加盟这件事要么不做，要么就按照德克士、麦当劳这种大企业的严谨流程来做。

接下来，常青围绕武汉这家店的特色鸭脖开发出更多的产品，如适合追剧打发时间的小包装、适合聚餐时直接装盘的多肉鸭脖等。这样一来，她的店不仅有上门的单子，也可在网上成品销售，盈利方式和数额都有所突破。

前来咨询加盟的人更多了，可是常青觉得时机还没有成熟。后来，因为遭遇了新冠肺炎疫情，餐饮小店生意骤冷，这时不少顾客想起常青鸭脖店里严谨的消毒生产流程，纷纷在网上购买她的产品。常青的卤鸭脖一下子成了“高大上”的网红产品，销量暴增。

常青还趁着门店顾客稀少的机会，制定了一套严格的鸭脖制作流程：店里生产鸭脖的所有工具和器械都进行严格消毒，以此保证鸭脖不会出现任何卫生问题；不仅工具器械如此，每名员工都要进行正规的健康体检和培训后才能上岗；员工必须勤洗手、洗脸，工作时穿工作靴、无菌连体式工作服，戴上口罩；进入生产车间前，要先消毒，然后才能投入工作。

就这样，在疫情期间，其他许多小吃餐饮店纷纷关门，常青反而正式启动她的卤鸭脖加盟事业。

可以说，从开始创业、经营鸭脖店到发展网上业务再到发展连锁加盟，常青都做了完美的规划。正因如此，她得到了巨大的成功。试想，如果她一开始看到这个商机就横冲直撞，在形成特色和口碑规模前就盲目扩张，很可能会是另一个结局。

生活的有序来自管理、安排和执行。生活没有规划，就会变得杂乱无章。投资其实也是如此，如果没有轻重缓急，盲目行动，就会焦头烂额。小本创业者如果没有明确的安排和规划，就像大海中航行没有灯塔的指引，不是遭遇失败，就是误入歧途。因此，在投资路上，我们必须分清楚轻重缓急，做到有章法、有套路，如此才能一步步迈向财富的顶峰。

# 第三章 准备好“金点子”+“铁心肠”

有了好的项目，接下来就是如何把项目经营好，小本经营者不仅需要动脑筋，更要学会讲原则。很多时候，一个好点子可以带来巨大的利润，而一个没有原则底线的念头则可以顷刻间毁掉一个项目。所以，我们需要在实践中仔细体会，用心领悟，做灵活又坚定的经营者。

## 心眼要“活动”，原则要“死守”

在投资创业领域，我们经常听到这样一句话：“舍不得孩子套不着狼。”就是说，不管投资什么项目，一定要舍得付出，付出的代价越多，获得的收益也就越多。于是，有人将这句话当成金科玉律，为了获得更大利益不择手段，甚至不惜放弃原则底线，最终付出惨痛代价。

有哲学家说过：“他并没有得到财富，而是财富占有了他。”对于小本经营者，赚钱是重要的，致富也是应当的。可是面对金钱的诱惑，一些底线和原则是万万不可丢的。一旦被财迷了心窍，见利忘义，为了金钱采用不正当手段，以至于违背做人的底线，这样的人始终无法获得财富的青睐。即便通过某些手段获取了财富，也是短暂的，终有失去的一天。

春秋时期，越国人虞孚的梦想就是成为一名富商。但是，他不知如何才能获得财富，于是便请教赫赫有名的大商人、大政治家范蠡。范蠡没有直接答复他，而是把自己的老师计然推荐给他，让他向计然请教。

见到计然后，虞孚表现得非常恭敬和谦虚。计然看他心诚，便教给了他一套种漆树的技术，并且告诉他这项技术可以让他发大财。虞孚按照计然教他的方法做了，栽下一大批漆树苗。一晃三年过去了，那些漆树已经成材，如今已经收获百斛之多。虞孚高兴地想着：“这下我可真的要变成大富商了。”他的漆因为质量上乘，销售情况非常好，在越国赢得很好的口碑，所有人都夸虞孚的漆好，愿意购买。虞孚成为远近闻名的大富商。

又过了几年，虞孚经常在吴国经商的内兄告诉他：“你到吴国做漆生意吧。吴国人崇尚绘饰，在那里漆是一种畅销货，销量会非常好。而且，那些卖漆的人经常把假漆和好漆掺和在一起，一斛漆可以卖两斛漆的价钱，难道不会发大财吗？”

为了发大财，虞孚听了内兄的建议。在内兄的指导下，虞孚用漆树叶煮膏充当漆，然后带着数百斛好漆和假漆到了吴国。当时市场上需要漆的人非常多，大家亲眼看到虞孚的漆质量好，便纷纷和他订货。当夜，虞孚认为有机可乘，便将假漆掺入好漆的桶中。没过多久，买漆的人就发现这漆并不如传闻中的好，认为虞孚骗人，便不再前来购买。

虞孚很快就失去良好的信誉，不但发财梦就此破灭，还沦为一个人人讥笑的乞丐。

最初虞孚诚信经营，凭借计然教的方法获得财富，可是他逐渐被金钱诱惑，忘记了为人的底线，放弃了经商的原则，偷工减料、掺假卖假，以至于毁掉之前所有的努力，成为人人耻笑的乞丐。这正好印证了古人所说的：欺人者，人必欺之。

诚然，生活离不开财富，因为财富是非常重要的，可以让我们获得地位、荣耀。可是很多时候，财富却无法让我们获得心灵的自由，这是因为活着不是简简单单地追求财富。作为小本经营者，追求利润虽然是我们努力的第一要务，可以运用各种渠道、寻求各种手段赚取，但前提是：坚守内心的原则和底线，真正地拥有财富，而不是让财富占有自己。

实际上，经营者无论生意大小，都要讲究原则和底线。那些做人没有底线和原则的人，为了金钱不择手段，即便拥有了亿万的财富，依然会遭到大众的唾弃，永远无法取得辉煌的成功。此外，我们还必须控制内心的贪婪和欲望，不要让它吞噬了自己。

晓峰在老家县城开了一个小烟酒店，生意虽算不上有多好，但还说得过去。晓峰对此并不满意，一心想着能多赚钱、发大财。一天，两个年轻人来到店里，却不是要买烟酒的，而是拿出几样烟酒向晓峰兜售。晓峰看这些烟酒都是真货，便询问对方的身份和进货来源。对方称自己是某单位的司机，让晓峰不要关注货物来源，但保证绝对是真货。言下之意，这些烟酒大概是收来的礼品。

虽然明知道货源有问题，可是面对比正常进货渠道低得多的价格，晓峰还是心动了。他想：我这个烟酒店一向挣钱不多，如果能够降低进货成本，利润空间不就提高了吗？于是，晓峰全部买下这些烟酒，并且和那两个人达成协议，以后只要有货，自己照单全收。

有了这个“特殊”的进货渠道，晓峰烟酒店的利润有了很大提高。可是好景不长，烟草公司人员发现其背后的端倪，立即把他举报给了工商和税务。就这样，晓峰被烟草公司稽查。更不幸的是，这边还没有结束，那两个年轻人就出事了。原来，他们根本不是什么单位的司机，就是两个惯于小偷小摸的窃贼。他们“供货”给晓峰的烟酒不是“礼品”，而是实实在在的赃物。晓峰得知这个消息后一下子傻了眼，没想到自己竟然成为盗贼销赃的帮凶。最后，他不仅店开不下去了，还将面临法律的制裁……

生意无论大小，小本经营者都要牢记经商和做人的底线，勿以恶小而为之。"先做人后做事""三分做生意，七分靠做人"，告诉我们的就是这个道理。我们一定要记住，"做人无底线，经营无钱赚"。当你和经营的企业被贴上毫无底线的标签后，即便你能力超群，也不可能有好的出路，更不可能获得长远的财富。

古人说，"得道者多助，失道者寡助"，千万不要在经营过程中丢掉做人的底线，成为可悲的"失道者"。小本经营者无视底线，浪费信用，无异于拿自己的人格做买卖，卖得越多，留下的就越少。所以，不管任何时候，都要以原则和底线为重，才能经营好自己的事业和人生。

## 小本经营更需创意驱动

创意是一件既抽象又重要的东西。无论是对个人发展还是对项目投资来说，创意都有着相当重要的作用。对于企业经营而言，创意的价值在于它可以刺激和调动顾客的购买欲，直接提升产品的销售额。如今这个创意至上的网络时代，优秀创意背后蕴含的价值是不可估量的。小本经营者不怕缺少资金、缺少人脉，最关键的是要有一颗充满想象力的大脑。好的创意是“四两拨千斤”的宝藏妙招，有着巨大的财富收益和潜力。

2020 年年末，年仅 20 岁的四川甘孜小伙丁真突然成为网络红人。他走红的方式着实与众不同，既不靠演技，也不靠口才，而是凭借一张“原生态”黝黑的脸庞和纯真的微笑赢得广大网友的认可。在这个充满浮躁气息的时代，大家对于丁真身上久违的纯真感叹不已，对于丁真生活的雪山蓝天也向往不已。

后来大家得知，这是四川省甘孜州理塘县通过宣传代言人来推广自己的项目。作为特产丰富的高原贫困县，他们太需要外界的了解和关注，于是在这个“网红时代”，便想出这样一个推广创意，并且获得了巨大成功。人们不仅通过丁真了解到他家乡的特产，还可以通过网络购买到包装精美、服务周到贴心的“特产包”。这样一来，不仅给当地的众多商户带来无限商机，还通过网络话题的持续发酵促进了当地旅游业的发展。

这就是创意至上的真切体现。许多传统营销手段正在悄悄发生变化，如果想要在创业中更好更快地借助时代发展的“风口”，就必须放开思维，看到更多更新的营销创意。理塘县就是通过宣传一个“红人”带动产品销售和地区经济发展的例子，这看似是“曲线救国”，实则深谙“网红经济”的精髓，值得每个小本创业者深思。

网络时代，创意为王，小本创业者一定要看到创意的价值所在，敢于大胆创新，增强自己的发散思维。对于很多创业者来说，想象力是宝贵的财富，即使那些看上去有些“荒诞”的创意，也可能带来光明的“钱途”。

赵飞毕业后开了一家快餐店。在这个快节奏的时代，许多人忙忙碌碌、来去匆匆，快餐成了节约时间、提升效率的最好选择。因此，赵飞的快餐店每天都有不错的营业额。但让他感到意外的是，月底一算账，除去房租、原料成本和员工工资，剩下的利润相当有限，还不如自己在外面打工赚得多。而且，快餐店的活太多太累，工作时间长，员工工资一直在缓慢增加，再加上快餐店没有技术门槛，市场竞争激烈，利润越来越低，小店眼看就要入不敷出。

这让赵飞头疼不已，不知该怎么办才好。关门吧，自己连成本还没有收回；继续干下去，又将是一个无底洞。这天晚上，打烊之后的赵飞想起自己还没有吃晚饭，于是准备拿两个焖猪蹄出来，独酌两杯，借酒浇愁一番。可是，他发现焖锅不知道什么时候断了电，猪蹄凉了。他随手拿了两个焖好的猪蹄放进烤箱加热，烤好后又撒了些烧烤调料。还别说，味道非常不错，油而不腻，爽口无比，有一番别样的风味。

焖猪蹄算是赵飞自家传下来的特色菜，是父亲通过烧、泡、削、焖等十几道工序并配上各种作料焖出来的。这道菜在赵飞家乡远近有名，可是在快餐店因为价格偏贵，一直销量不高。吃了无意中烤热的猪蹄，赵飞灵机一动想到一个创意：将焖得酥软的猪蹄放进烤箱，用烧烤的工艺进行二次加工，如此一来不仅保留了原有的口味，又多一些广受年轻人欢迎的烧烤风味，难道不会受欢迎吗？

想到就做到。第二天，赵飞就推出了这道创新烤猪蹄，还搭配各种烧烤料做出不同的口味。为了让价格更亲民，他把猪蹄一分为二，价格为原来的60%。结果，由于风味独特，猪蹄大受欢迎，他的小店很快火爆起来。堂食加上外卖，每天光是卖烤猪蹄都忙不过来。

赵飞随后总结一番：因为加工流程固定，原材料固定，制作到销售的周期变短，同样1000元的营业额，快餐店所需的运营成本远远高于卖猪蹄的。于是，赵飞果断决定：关掉快餐店，转而租了一间小门面，专门卖烤猪蹄。他又给自己的烤猪蹄取了一个响亮的名字：火焰山烤猪手，同时制作了一系列宣传小视频。很快，赵飞的“火焰山烤猪手”就在当地有了一定的知名度，销量直线上升，每天上门的顾客和外卖员都排起了长队。

很显然，赵飞缩小店面营业面积，裁减店员，反而让自己的营业额翻了好几倍，获得了可观的利润。这靠的正是他一个不经意的创意。可以说，财富不是遥不可及的，千万不要总说自己没有机会。事实上，不管什么时候，我们身边都有无数致富的机遇，关键在于你是否能够发现。小本创业者不仅需要拥有敏锐的眼光发现商机，更需要有优秀的创意创造商机。

我们不妨积极开动脑筋，抓住奇思妙想，利用自己独特的创意，打造美好的明天。即便对那些自己觉得异想天开的点子、不走寻常路的创意，也不要轻易地否定、扼杀。很多时候，只要你勇敢地把这些想法付诸行动，就能打造出超值的“钱途”。

## 商品是冷的，你的心得热起来

不管销售什么商品，让消费者感到物有所值，才是打开他们钱包最有效的方式。那么，如何让他们感觉钱花得值呢？这不仅仅关系到商品的价值和质量问题，也关系到另一个问题：商品附加值。所谓商品附加值，就是让消费者在购买商品的时候能够获得商品之外的心理满足。任何商品都是冷冰冰的，而心理感受却是有温度的。

2020 年 9 月，“秋天第一杯奶茶”突然上了微博热搜，随后不仅引发一场微信朋友圈的转发狂潮，也给众多奶茶店带来数量空前的订单。其实，这个热搜非常简单，就是用红包和奶茶在网络上秀一把恩爱或者感情：“在这个冷冷的秋天，在意你的人，会给你送上一杯热乎的奶茶，这是你喝到的秋天的第一杯奶茶！”

“秋天第一杯奶茶”的传播营销之所以获得巨大成功，是因为它赋予商品——奶茶以感情的温度。恋人之间可以送奶茶，朋友之间可以送奶茶；你可以用它巩固感情、借机告白，或者是向亲朋好友表达情感。从心理学角度来看，能够触动情绪的事物经常会被大家讨论，设计一些积极共享的情绪事件进行传播，让人们分享时充分调动自己的情绪、积极性和参与感。因此，给一件普通商品赋予情感价值，就会起到病毒式传播的宣传效果。

小本创业者更要明白，不管经营什么样的项目，销售的目的就是争取客户，而客户是一个个活生生的、富有感情的人。所以，小本经营者如果抓住了客户的感情，就可以掌握一种很好的经营方式。

王磊在大学期间参加过老生迎新活动，帮着新同学把行李送到宿舍，让新生大呼暖心，自己也觉得收获满满。后来，他看到同学热衷于网购零食，尤其是女同学经常大包小包地买，还常常有殷勤的男同学帮着女生取快递、送外卖。他觉得这件事本身挺有意思的，也有不小的商业价值，如此一来，自己为何不借此做个小买卖呢？

于是，他联合同宿舍的几个同学，在网上采购一些广受欢迎的小零食，经过搭配组合包装成各种“零食包”，还根据零食内容取了一些有意思、有情趣的名字，如“搭讪包”“追剧包”“整蛊包”“跪安包”“定情包”“土豪包”等，然后在学校班级群、老乡群里发文案做宣传。最重要的是，他们还提供送货到宿舍的服务，周到细心。

这个新奇的零食包一下子让大家沸腾了。本来大家网购零食是为了“解馋”，现在有了现成的搭配、有趣的包装，以及男女生都可以送到宿舍的贴心服务，简直比自己网购还要方便。关键的是，不同关系的同学可以借这个零食包沟通感情，和解矛盾，化解尴尬，甚至是求爱表白。零食包一经推出，立即受到热烈欢迎，供不应求，甚至不同专业、不同宿舍楼的同学纷纷前来要求加盟合作。

尝到甜头的王磊不仅联络了本校其他宿舍和专业的同学一起经营，还进一步推出“带话”服务，即帮助送零食的买家声情并茂地传话给对方。这个服务的趣味性、情感性更强，大家纷纷购买和使用，不亦乐乎。王磊不仅赚到了钱，还帮助同学增进了感情，可谓一举两得。如今，王磊和同学们正在筹划开一个销售这种零食包的电商公司，主打情感牌，让大家的日常网购变得更加温暖、更有人情味儿。

人们都有这样一个心理：谁送给我礼物，就代表一种关怀，可以为我增加勇气和生活信心。正因如此，远在他乡工作、学习的人，在需要他人支持和鼓励时，若是收到一份关心自己的人送来的礼物，甭提多高兴和感动了。王磊就是抓住人们的这种心理，把情感营销当成经营项目，用情感来创造利益，获得了成功。

小本创业者应该学会利用自己的情感打动身边的顾客，给冷冰冰的商品赋予情感的温暖。这不仅能给购买者带来喜悦和安慰，也能赚到更多的利润。所以，我们不妨在适当的时机和场合用情感牌来促销，往往会收到意想不到的效果。

给产品增加附加值的营销手段很常见，如对产品进行精美包装，使购买者对它产生“高档”的印象；给产品赋予一定的文化内涵，如钻石成为爱情永恒的象征，瓶装水经过爱情故事的包装成了“水中贵族”……当然，小本经营者应该记住：附加价值只是手段，产品质量才是赢得市场的关键。如果产品金玉其外、败絮其中，或者明显是虚假广告，就是欺骗行为，最终只能害人害己、自食其果。

总之，小本经营者要想客户之所想，全心全意服务客户，创造产品的附加值。顾客感觉钱花得值，自然心甘情愿地让你赚。换句话说，给产品增加附加值，就是在留住客户，为自己的财富大厦添砖加瓦。如果做到这一点，小本经营自然会越来越大，实现赚大钱的梦想。

## 生意归生意，交情归交情

2012 年 6 月，哈佛大学商学院的研究人员发表了一篇名为《友谊的代价》的论文。该论文以 3510 名进行风险投资的商人为蓝本，通过分析他们在 1975—2003 年间参与的 11895 个风投项目得出一系列数据，表明：两个项目投资合作者中，如果有一个毕业于名校，投资成功的可能性会增加 9%；如果两个都毕业于名校，成功率则提高 11%；如果两个搭档曾是同事，投资成功的可能性反而下降 18%；如果是校友则下降 22%；如果是"族人"，则下降 25%。

可见，两个人合作经营，其发挥的能力总和与两个合作者的个人能力成正比，但与合作者的亲密程度是成反比的。这个结果可能出乎不少人的意料，因为许多小本创业者中，夫妻搭档、父子搭档、亲友搭档等的合作方式是相当普遍的，甚至被认为是最佳方式。然而，这种想法是错误的。我们必须意识到，经营伙伴间有几点一定要分得清清楚楚，如责任、权利、感情。如果分不清楚，生意一定会出现问题，甚至满盘皆输。

事实上，很多好朋友共同经营项目，最后闹得分道扬镳、情分不再，往往就是因为这三点分不清楚。

张强与快递公司合作，在小区里办了一个快递点，除了日常收发快递外，又和菜鸟驿站合作，承接了小区生鲜蔬菜的线上团购业务。因为该小区较大，人流密集，所以生意非常好。谁知过了半年，张强的营业额却逐渐减少，生意大不如前。

经过一番调查，张强毅然作出一个决定：将5名员工全部辞退。通过细心观察，张强发现生意萧条的直接原因就来自这些店员。这5个人几乎全是张强的亲戚或朋友，一开始他虽然觉得他们能力一般，但考虑到跟自己有着这样或那样的关系，比外人更可靠和信任，所以还是决定聘用他们。一开始，他们工作倒是很努力，可是一段时间后，就变得懒散起来，工作相互推托，对顾客也不热情，甚至出现迟到、偷懒的情况。因为和张强有关系，对他的管理也不是很服气，甚至出现不听分配和命令的情况。

张强果断地将这些有裙带关系的员工辞退后，又通过招聘重新雇用了4位店员，店里的经营情况立刻有了好转。

中国有个贬义的成语：任人唯亲。在古代，因任人唯亲而失败的例子不在少数，现代商业社会也不例外。尤其是在一些小本经营的企业中，经营者的七大姑、八大姨往往把持着财务、人事等大权。这些“皇亲国戚”有的尽管才能有限、业绩平平，却享有特殊地位，时常对别的员工颐指气使、发号施令，企业俨然成了经营者的“家天下”，最后导致管理混乱、效益不佳、发展受阻。

必须承认，生意是一项理性活动，如果把复杂的感情牵扯其中，难免会产生分歧和矛盾。现实生活中，许多人寻找经营伙伴，尤其是小本创业者，通常会考虑从亲戚或朋友中优先选择，主要理由不外乎两个：一是不容易上当受骗，毕竟大家都是知根知底的人；二是较有默契，也比较了解。

然而，所谓的交情和感情，本身是变化无常的，依靠交情和感情维系合作关系，通常不会长久。更严重的是，很多亲朋好友在合伙经营之初，总认为彼此之间的交情很深，很多事情都不会在意、不太在意。因此，企业一开始就没有建立相对完善的合作制度，如签订商业保密协议、制定财务分配规则等，这就给之后的矛盾和问题埋下伏笔。

李勇经营两家小超市已将近 15 年，超市规模从小到大，一步一步发展起来相当不易。亲朋好友和李勇闲聊时经常说："你这事业经营发展不容易，一定要牢牢地守住呀，可以考虑让孩子学学营销管理方面的知识，将来好接手你的生意。"

李勇有个女儿，他确实非常重视女儿的成长和学习。考大学时，女儿选了财会专业，李勇很高兴，亲戚朋友们也很高兴，觉得李勇女儿选择这个专业，将来毕业后必然要接手超市。然而，李勇好像并不这么想。他先是全力支持女儿考研，女儿也相当争气，考进国内一所知名的财经学院，拿到了硕士学位，还拿到了中级会计师职称。

让所有人没想到的是，女儿硕士毕业后，李勇宣布了一个决定：家里超市的生意不允许女儿插手。亲朋好友纷纷表示不理解：你的生意做得不错，需要一个人来接管，为什么不让女儿接管呢？李勇借用房地产大亨王石的话来解释："如果你有本事，去哪里都能施展；如果你没本事，凭什么在我这儿混？"

原来李勇从一开始就没打算让女儿参与和接手家里超市的生意，他认为女儿学业有成，应该去更广阔的天地磨炼自己，而且"任人唯亲"对于小本经营者是件非常不好的事情，他希望能够尽量避免。

果然，女儿对李勇的决定表示理解，她也有自己的理想和抱负，不愿意屈居在家里的小生意里。这期间，她在其他公司取得了很好发展，并且准备在专业道路上向着更高的目标努力。李勇的小超市也因用人得当，运转得相当好。

怎样用人，用什么人，对于小本创业者来说是个事关兴衰成败的大问题。创业者只有“风物长宜放眼量”，着眼于长远发展，摒弃用人上的旧观念，才能在公司建立公平的竞争机制。只有一视同仁地对待员工，唯才是举，唯才是用，让有才能者有所作为、有所发展，建立起经营者与员工相互信任、相互沟通的文化氛围，才能激发和调动全体员工的积极性、创造性，促使自己的事业生机勃勃、充满活力。

生意归生意，交情归交情。对于小本经营者而言，一定要分清经营和交情的关系，如果不管生意只顾交情，必定人心涣散、经营失败。

## “点石成金”的宣传法则

随着经济发展和物质丰富，人们的基本生活需求得到满足。很多时候，消费者购物时并不把物品的使用价值放在第一位，而是出于虚荣和攀比的心理，通过某种大家公认的高端产品来证明自己的财富和地位，或通过某个与众不同的商品展现自己的特立独行……

社会心理学家罗伯特·西奥迪尼在《影响力》中从心理学的角度提出 6 个能够影响购买欲的诱因，第一条就是“虚荣攀比”。这是事实，我们在生活中都有这样的体会。当自己拥有一些稀缺、奢侈、限量的东西时，尤其是自己有而别人没有时，总会不由自主地想炫耀一番，以得到别人羡慕的目光。正因如此，很多产品的营销就抓住了这一点。

王伟开了一家酒吧。一次，一个红酒经销商找到他，希望能够推销一款相对高端的红酒。可是根据平时店里的消费情况，王伟认为这款红酒的价格太高了，推销起来有难度。经销商却不这么认为，他拍着胸脯说：“你给我一面店内广告墙就行，电梯内的广告我已经买下了。”

王伟顿感好奇，跑去电梯一看，只见广告上有这款红酒产品和一行字："假如你还需要品尝它的味道，那你就没有经验去鉴赏它。假如你还需要知道它的价格，翻过这一页吧，年轻人！"半信半疑的王伟拿了一批货准备试试。出乎他意料的是，这款红酒竟然卖得出奇好，销售额和利润都非常可观。这让他十分不解，完全没想到这款价格昂贵的红酒能卖得如此好。

这天，趁着经销商送货，王伟跟他喝了几杯，酒过三巡，向他请教其中的奥妙。经销商得意洋洋地说："兄弟，这可是有学问的，就在这广告词上。这句话你看着觉得有些奇怪和别扭，实际上是厂家花钱请心理专家针对年轻人量身定做的。这句话并非在宣传产品，而是在暗中透露一个信息：如果你不了解我的产品，那么你已经落伍了。这其实是激将法。现在的年轻人都要面子，看到这样的广告词，如果确实没喝过这个红酒，心中会有种不服气的感觉，就好像有人在嘲笑自己喝不起一样，这能忍吗？不能。"

王伟恍然大悟，原来短短一句广告宣传语竟然有如此深的学问。

其实，生活中这样的心态比比皆是，包括奢侈品、苹果手机，这些产品在宣传时都会强调自己的与众不同。如果你已经拥有了这款产品，就会在虚荣心的催化下油然而生一种自豪感，觉得自己似乎已经打入某种高端生活的圈子，不知不觉获得心理上的满足。

比如，某品牌白酒的广告词有一句是"国宴专供"。要知道，这样的宣传既没有罗列产品的特性和优点，也没有对产品进行直接褒扬，而是通过"国宴"一词让人们联想：高规格的宴会自然需要高规格的酒品，这种招待国际宾朋的宴会所用的一定是最好的酒。就这样，潜移默化中，产品的高端形象就在消费者心中不知不觉地建立起来。这种“衬托”的宣传手法，不可谓不巧妙。

小本创业者不妨借鉴这种品牌的宣传手法。很多时候，仅仅是宣传角度的挖掘和宣传用语的设计，就可以起到点石成金的效果。

陈慧经营着一家女性用品店，专营女性服装和各种女性保健产品。虽然同类的店面在附近有好几家，但是陈慧的店里永远是人来人往，销售业绩最好，而且从来不搞降价促销。那为什么她的店还能有这么亮眼的销售业绩？

原来，陈慧在宣传策略上采用了“反其道而行之”的方法。她每月都会弄两三次“限量款抢购活动”，不做降价推销，而是做限量抢购，甚至同一款式和颜色的衣服都是限量提供，并把新品推销主题定义为“限量的我，给更优秀的你”。其实，许多女性热衷于尝试新的东西，展示她们的独特性，因此陈慧的宣传策略相当有效，越是限量款，人们越来抢购。而且，陈慧从不满足所有客户，每次都有大量老顾客遗憾而归，并且暗下决心：下次一定要盯紧点、抢快点……

陈慧的这种宣传手法迎合了女性独特的消费心理，利用消费者“人无我有”的虚荣心理，促使他们对产品稀缺性的关注度超越对产品本身。

事实上，无论是工作还是生活中，每个人都有要比别人强的想法，至少是心理上希望自己能拥有一定的优越感，会不失时机地展现出来，满足自己的虚荣心。比如，你为什么买钻戒给未婚妻，而不是花同样的钱买一块更大的钻石？从价值本身而言，大块钻石的性价比肯定更高，但钻石没法展示给别人，不像钻戒那样戴在手上方便炫耀。那些购买顶级跑车的人，相信他们的主要目的并不是为了开出更高的速度，而是增添“顶级豪车限量版”的标签而已。

所以，小本经营者需要掌握这种“点石成金”的宣传手段。在网络时代，所有的特立独行都可能引爆网络，每个独特的宣传手段都可能给产品带来“点石成金”的销量。只有在宣传手段上抓住人们的眼球，才能让自己的产品被更多的人接受，创造属于自己的财富。

# 第四章 谁说两三个人无须“管理”？

哪怕再小的生意，也一定要重视管理，所以如何用人是小本经营者面临的一个大问题。良好的管理不仅可以调动员工工作的积极性，充分发挥团队的力量，也可帮助我们巧妙化解经营过程中面临的各种矛盾与冲突，提高经营收益，让自己的生意走上良性发展的道路。

## 管理入门：从自我管理开始

小本经营者往往是普通的工作者，习惯了被管理，现在选择自立门户，就将以管理者的形象出现在团队中。这时候，习惯了被管理的我们第一个要管理的对象，其实就是自己。

进行自我管理时，首先要做好的就是目标管理。

不妨回想一下：当你还是普通工作者时，工作目标最远能考虑到多久之后。大多数人的目标是一个月，少数人的目标能够延伸到半年，制定年度工作目标的人少之又少。可能有人说："不对，我的目标是三年、五年。"说这话的人一定搞错了一件事情，他的三年目标和五年目标往往是"三年之内要赚多少钱""五年内要达到什么样的职位"。这是你的人生目标，不是你的工作目标。现实中，能认真规划自己三个月内按照什么样的步骤和方法、达成什么样工作目标的人，真的是凤毛麟角。

当你成为小本经营管理者的时候，不管你是否愿意，都必须制定一年的详细工作目标，以及三年的粗略工作目标。如果你没有如此明确的目标管理，很难真正实现自我管理。

目标管理，既要务实，也要务虚。所谓务实的目标，就是行动计划表，如什么时间做什么事情，以求达成何种目标；所谓务虚的目标，是指管理者自我提升的目标，如要学会哪些技能，掌握哪些能力，构建哪种心态？这是管理者和普通工作者的最大区别。对于普通工作者而言，务实是为了应付工作，务虚是为了提高自己。管理者的务实、务虚，都事关自己的切身利益，任何一点都不能忽视。

自我管理的第二个重要方面，就是心态管理。

当你开始做小本生意时，会发现心态太重要了！

当你四处碰壁时，能不能依然激情饱满、不急不躁、不气馁？

当你大赚一笔时，能不能依旧保持冷静，不忘初心？

当你面临严重危机时，能不能挺住压力，作出决断？

当你面对重大机遇时，能不能客观分析、正确决策？

……

这些都是事关小本经营成败的关键。若是没有强大的心态，就无法妥善处理问题，经营之路就不可能顺利走下去。所以，当一个人从普通工作者变成小本经营管理者时，就应该扪心自问：“我准备好应对挑战了吗？我准备好接受损失了吗？我准备好面对大起大落的人生了吗？”

有了目标和与之匹配的强大心态后，管理者才算是正式上路。此时，我们要做的就是选择适合自己的做事方法，优化做事流程。

小本经营管理者和普通工作者在做事时有一个最大的不同：普通工作者做事情，可以把事情分出轻重缓急，做完一件再做一件。小本经营管理者不是这样的，工作时事事迫在眉睫，件件至关紧要；当你正在构思发展大计时，员工突然找到你说：“房子漏水了。”就这么一件小事，你得放下“伟大的计划”赶紧解决；当你准备起草材料时，客户不期而至，别管你当时多么文思如泉涌，也要放下手头工作，接待客户……

小本经营者的工作有太多的不确定性，需要通过不断总结经验制定更好、更实用的工作流程，提升自我管理水平。

常建刚刚创立课外培训班时，焦头烂额，很多事情做到一半不得不停手，去处理眼下必须解决的突发事件。那段时间，他的工作效率大打折扣，经常和同行抱怨：“一项工作做到一半被打断再重新捡起来，就必须重头梳理一番，无形中增加了工作量，降低了工作效率。我简直快要被拖垮了。”

那位同行是一个老前辈，听了他的话微微一笑，说：“干我们这一行，你说的这些事情是难以避免的，但是如果你能够细心观察，就会发现很多事情是有时间规律的。比如，家长找你谈事儿，一般是在早上八点到十点，或者下午五点半到六点半，因为全职家长倾向于在早上送孩子上学的时间外出活动，工作的家长则需要下午下班之后解决家务事。所以，你要把这两个时间段留出来给学生家长，毕竟人家是我们的衣食父母。班级最容易出问题的两个时间段，一是放学前后，二是上午十点和下午三点左右。放学前后，孩子们的心态最急躁，人人都着急回家，老师们也认为要下班了，工作积极性降低，孩子看得没有那么紧了，所以孩子们容易出现打打闹闹的问题。至于上午十点和下午三点，是两个比较大的课间休息时间，容易发生一些意外。所以，在这两个时间段，你应该把更多的注意力放到班级里……其实，类似这样的小规律还有很多，每个补习班也有不同的情况，但总归能找出一些规律。找到这些规律，你就可以在适当的时间做适当的事情，不至于焦头烂额了。”

常建听了前辈的话恍然大悟，开始在工作中仔细总结事情发生的规律。过了一段时间，他的自我管理水平大大提升，工作也没有那么费力了。可见，小本经营，杂事多，突发事件多，更需要管理者提升自我管理能力，不然很容易被一些杂事、小事“拖死”。

总而言之，小本经营管理者要明白：只有更好地自我管理，才有资格、有余力管理他人。自我管理的三个要素——目标管理、心态管理、流程管理，哪个做得不到位都不行。当我们走上创业这条路，就意味着走上了一条少有人走的艰难道路。在这条道路上，我们是孤独的独行者、艰难的开拓者，只能依靠自己的能力，不断自我提升，努力加强自我管理，才能获得成功。

## 小团队管理的基本原则

小团队管理，最忌讳的是照搬这个模式、那个法则，这是因为已经成为定式的模式和法则是给已经形成固定经营模式的大企业准备的，很多时候不适合小团队的管理。如果小本经营者生搬硬套的话，不仅无法做好管理，还可能陷入困境。

大企业和小团队，有三个本质上的不同点。

第一，大企业喜欢稳定，小团队追求变化。对大企业而言，稳定压倒一切，所以在企业管理中，一切模式和法则都是为稳定服务的。小团队则相反，一般不会太稳定，而且从某种角度来说，稳定是小团队的“毒药”。如果一个团队在创业初期就非常稳定，恰恰意味着它缺乏增长点和爆发力，恐怕难以长久发展下去。因此，小本创业团队要根据四个要素，随时调整经营思路：一是市场环境的变化；二是对客户需求的重新定位；三是技术革新的趋势；四是竞争对手的新动态。这四点变化是需要小本经营者掌握的。经营思路的转变，也意味着管理方式随之转变。所以，小本经营者千万不能抱着固定的管理方式，不懂思考，不知变通，那样的话，很难顺应市场需求和业务发展需求。

第二，大企业资源丰沛，小团队资源稀缺。大企业可以广撒网多敛鱼，但小本经营的资源可能非常有限。为了将有限的资源利用到极致，小本经营需要发挥“小、快、灵”的特点，将有限的人力资源集中到最容易“钓到鱼”的领域中去。这要求我们在管理上一定要灵活机动，不能被模式所累、法则所限。

第三，大企业的压力来源于业绩，小团队的压力来源于生存。压力人人有，但其内容和本质有所不同：大企业团队的管理压力是业绩；小本经营者的管理压力主要来自企业的生死存亡。这两种压力完全不是一个级别，正因压力太大，所以有些小本经营的管理者将希望寄托于一些“管理宝典”上，希望通过成熟的管理模式降低经营风险。殊不知，这样做非但不能降低管理风险，反而增加了因管理不善带来的危机。

正因小本经营有上述三个特点，所以小团队比大公司更重视管理，实施更灵活的管理策略。

小本经营管理的基本目标，是厘清三条线——信息线、人力线和财务线。

小本经营要想在商海沉浮中进退自如，保持信息畅通是重中之重。因此，管理过程中，小本经营管理者绝不能阻塞言路，一定要让员工敢说话、敢献策。这看起来容易，操作起来却很困难，还有可能“跑偏”。

王珂原本是一家大公司的营销负责人，后来下海单干，成立了一家小公司，一心想要大展宏图。公司刚成立时，规模非常小，只有不到 10 个员工，经营条件也有限。

曾经在大公司供职的王珂当然知道信息的重要性，所以他强调：“如果谁发现了新商机或者有新的想法，就要第一时间汇报上来，一经采用，将有一大笔奖金。”

王珂的这一政策公布后，员工为公司发展建言献策的积极性果然提高。只不过，王珂在管理方式上沿用了当年在大企业的办法——员工向他建言献策时，他总是说："很好，很好，把你的想法写成一个详细的书面报告，然后发给我。"

久而久之，员工们开始觉得："一般的小事情就不要汇报了，毕竟写报告需要耗费很多精力。即便这个建议被采纳了，付出和收获也不匹配，更何况十有八九不能被接纳。"如此一来，王珂颁布的信息采集管理办法，效果大打折扣。

一天，一个员工对王珂说："王总，下月5号在某城市有一个小型的专业展会，到时候会有很多优质客商前去参会，我们要不要也参加一下。"

王珂听罢，觉得这个建议不错，但还是按照以往的习惯，说："我觉得可行，这样，你打一个报告过来，我仔细研究一下。"

于是，下属赶紧回去做报告，花了几天时间，才把报告做出来。他把报告交给王珂，但是在王珂的书案上搁置了几天后才被拿来正式研究。两天后，王珂终于作出参加展会的决定，但此时距离展会开始只剩下不到一周的时间。在所有事情的准备都很仓促的情况下，虽然公司的销售和宣传取得一定效果，但距离预期还有很大差距。

表面上看，王珂的失策在于他对关键信息不够敏感，实际上，问题出在管理上。由于他沿用了大企业的管理模式，导致小团队的信息沟通不畅、执行问题多多。这对于小本经营的创业型团队而言，是致命的。

所以，小本经营者一定要注意疏通信息渠道。首先，小本经营在管理中一定要简化信息传递的层级。很多小本经营者过于刻板，明明手下只有几个人、十几人，但在管理上却设置了重重传声筒，下属想要反映问题还需要层层上报。这样的管理模式虽然“有派”，但是效率低下，没有必要。其次，管理中，小本经营者要尽量做到及时反馈，不断加强信息的敏感性，及时并明确地反馈信息，做好上传下达，切忌模糊处理，下属汇报工作时尽量不用“研究研究再说”“我再考虑考虑”这样的措辞来回应。

在人力使用上，小本经营者需要的是能够独立作战的精兵强将，而非只知执行命令的“零件”。所以，宁可重用有缺点的精英，也不要把不会犯错但缺乏创造力的人放到关键岗位上。

有些小本经营管理者可能会说，我的企业小，待遇一般，对精英人才缺乏足够的吸引力，怎么办？事实上，所谓的精英往往不是天生、固有的，而是通过不断历练、资源供给“喂”出来的。同样一个人，进入大企业后虽然平台很好，但做的是螺丝钉的工作，见到的也是职责范围内的一亩三分地，最后可能成为优秀的员工，未必会成为精英。相反，在一些创业型小团队中，虽然平台一般，但是有能力的人很容易独当一面、登高望远，更容易获得提升。所以，小本经营者应该意识到，虽然不具备大平台的优势，但小平台也有自身的特点，应该通过大胆任命、大胆放权、大胆试错的管理方式吸引和培养人才。

财务管理上，小本经营管理者可以考虑透明管理的模式赢得员工的信任。有些小本经营者对本单位的财务状况忌讳莫深、遮遮掩掩，可实事求是地讲，小企业的盈利状况和支出状况都是明明白白摆在眼前的，没必要搞得那么神秘。

管理者通过透明的财务管理实现透明的目标管理，是降低小本经营管理难度的好办法。所谓透明的财务管理，不是说把收入和支出明明白白地展示出来，而是把项目的盈利能力和完成项目后的上限奖金额度、下限奖金额度比较明确地告诉员工。如此一来，既可以稳定军心，也可以激励员工，让他们明明白白干活、高高兴兴赚钱。

以上就是小团队管理的一些基本原则。我们一定要将这些管理原则与其他普遍的、通行的但未必适合自己的区分开来，避免陷入管理陷阱。同时，只要遵守这些原则，小本经营者就可以让企业更加有序，得到更好的发展。

## 迈过家庭式管理的“大坑”

很多小本经营者创业初期采取的是家庭式管理。然而，很多经典的管理学理论将家庭式管理视为洪水猛兽。的确，家庭式管理容易滋生许多负面的东西，如任人唯亲、裙带关系、多头管理等。但也不得不说，家庭式管理虽有弊端，但对小本经营而言，它确实有很多好处。

一是管理成本比较低。小本经营企业不能承受太多的管理成本，家庭式管理的成本恰恰非常低。对于家人，不需要花费太多的心思去思考管理问题，因为管理的本质就是将持有不同目标的人凝合到一起，让他们为了同一目标而努力。一家人的目标往往比较一致，管理的压力会比较少。另外，管理的要点是建立信任，家庭成员间的信任是天然的，比他人更深厚，这又降低了管理难度。

二是家庭式管理的稳定性更高。小本经营在管理上遇到的最大困境是人员流动性强，虽然说铁打的营盘流水的兵，人员流动难以避免，但是人才招聘、培训和适应，无一不增加了管理难度。家庭式管理没有这方面的问题，重要岗位几乎不存在人员流动的问题，人员稳定性更高。不要小看这一点，很多小本经营者说："人员流动频繁对企业造成的损失，只有企业自己知道……"正因这一点，小本经营管理者才会明知道家庭式管理有诸多弊端，依然选择这种管理方式。

三是保密系数更高。很多小本经营的企业靠的是"独家绝技"行走天下。这个独家绝技，或是销售渠道，或是某种产品的特殊工艺，或是某种特有的技术。有了这个独家绝技，小企业就可以生存、发展甚至壮大。但如果这门绝技被他人复制、抄袭，自己独有的优势就不复存在，企业就不可能走得长远。最有可能复制独门绝技的人，恰恰是那些曾经的"骨干员工"，所以，小本经营企业往往会拿出很多的精力和代价做保密工作。采取家庭式管理就没有这方面的顾虑，极大地提高了企业的保密系数，降低了企业的风控成本。

说完家庭式管理的优点，再来谈谈小本经营实施家庭式管理时需要面对的弊端。

第一个弊端是任人唯亲。家庭式管理的方式就是任人唯亲，关键位置是自己的亲人。我们知道，家庭成员的能力有强有弱，全家都是精英人才的情况不是没有，但绝非常态。大多数情况下，我们不能保证每个岗位上的家人都是优秀甚至是称职的。他们的存在，挤压了外来人才的生存空间。

第二个弊端是因人设岗。因人设岗是任人唯亲的"进化版"。开始，小本经营管理者会把亲人安排到相对适合的岗位上，可是到最后，如果现有岗位无法满足安置需求，管理者就会在种种压力之下新设立一些没必要的岗位来安排亲戚。如果说任人唯亲是家庭式管理需要付出的代价，其危害在可控范围内，那么因人设岗就是家庭式管理的毒瘤。一旦出现这种情况，整个管理体系就会崩坏，对小本经营企业造成毁灭性打击。

第三个弊端是管理混乱化。很多家庭式的小企业中时常出现类似的状况：儿子是企业的创始人，妈妈虽然在职务上是后勤物资管理者，但仗着自己“皇太后”的地位经常直接调遣企业员工，甚至是颐指气使，给员工带来极大的被管理压力。家庭式企业如果不能制止这种越权管理、混乱管理的状况，任由“皇亲国戚”乱来，将会给企业带来极大的负担，甚至导致人心涣散、怨声载道、企业倒闭。

那么，如何才能扬长避短，让家庭式管理成为小本经营企业起步、腾飞的基础？或许可以从以下几个方面着手。

第一，用数字说话，用数据管理。家庭式管理中，公平是一件至关重要的事情。这个公平，指的是让普通员工感觉到自己与其他员工包括“皇亲国戚”是在公正的平台上合作、分工、获利。如何才能实现公平且让公平变得显而易见呢？最简单的方法，就是用数字说话，用数据管理。例如，将出勤时间公开、固化，将业务提成的比例一碗水端平等。数字虽然有时候只是一种表面公平，但我们必须先把表面功夫做好、做到位，才能稳定军心，赢得员工的信任和支持，并在此基础上实现更高层次的公平。

第二，永远不要因人设岗。因人设岗是小本经营的毒瘤。管理者一定要明白，用的人从哪里来不重要，重要的是他将往哪里去，也就是岗位设置一定要合理。如果你因为想要启用亲人而临时增设岗位，岗位的设置一定会出现问题，给企业管理带来无穷的灾难。

王鑫创建了一家小型的门窗安装企业，自己是总工程师，妹夫是施工队队长，爸爸妈妈看着门店，捎带管理仓库。这本来是一个很好的创业小团队。创办之初，所有成员团结一致、共同致富，创下了很好的业绩。

这时候，王鑫的弟弟出现了。要说王鑫的弟弟，确实有点能力，之前在上海一家大型家装企业做设计师，现在因为大城市压力大，想回到家乡发展。于是，王鑫的父母找到王鑫，希望他给弟弟安排个合适的岗位。

王鑫思来想去，觉得自己这个小团队成员稳定，各负其责，好像不需要其他岗位了。这时候父母说："你弟弟之前是做设计的，你就让他帮你做设计吧。你们是亲兄弟，如果这点事儿都指不上你，将来还有什么事儿能指得上你呢？"

无奈，王鑫只好给弟弟临时设立一个"设计总监"的职位。事实上，在王鑫的小公司，消费者的要求就是把活儿做踏实、做实在，至于设计不设计、时尚不时尚的，根本不重要。如果你的设计是免费赠送的，当然没有人反对，但是想通过增加设计感向消费者收钱，根本不会有人愿意付钱。因此，不管王鑫的弟弟能力有多大，付出多少时间和精力，他的工作都没办法带来足够的回报。

王鑫明白其中利害关系，但是不好意思拒绝父母和弟弟，只能忍了。他心想："过一段时间，弟弟觉得英雄无用武之地，说不定会主动离开。"谁曾想，弟弟非但没有离开的意思，反而主动给自己"加码"——不断介入王鑫的工作。一会儿说这做得不对，需要这样做才更有艺术感；一会儿说用料不行，这个档次的材料根本体现不出他的设计意图……

王鑫烦不胜烦，有时候也不耐烦地对弟弟说："你管好自己的事儿就可以了，我们的事儿不用你管！"

弟弟却说："不用我管，你要我这个设计总监干什么？"

王鑫一肚子苦水没处倒，心想："你这个设计总监真不是我想要的，而是凭空冒出来的。”

王鑫的失败，是因为用了没有能力、不成器的人吗？不是的，弟弟有能力，也有上进心，但是他这个“设计总监”不是企业所需的，只是为了人情设置了一个本来不应该存在也不能存在的岗位，所以导致管理混乱和经营失败。

因人设岗的危害之大，即便是有能力的人，也挽回不了因人设岗的负面影响。

第三，一定要搞明白谁指挥谁、谁服从谁。家庭式管理的另一弊端就是责权不分。企业里自己的人多，干活的人多，这是好事。但是发号施令的人也多，这就是弊端。为了解决这一弊端，我们一定要明白谁指挥谁、谁服从谁，坚决制止令出多门、越权指挥、不服从管理的现象。

即便这个人管得对、说得对，但是他越权了，管了不该管的事情，做了不该做的决定，我们也应该严格制止。否则，你就会发现管事的人越来越多，所有人管得越来越宽，做事的人越来越少，所有人越来越不知道到底该如何做事。到那时候，企业管理体系就会全部瘫痪，企业也离死掉不远了。

## 警惕"团队毒瘤"

一块臭肉能坏一锅汤。大型企业的这锅汤足够大，所以偶尔有臭肉，或许味道还没那么明显。小本经营这锅汤本来就小，但凡有一块臭肉，就可能会毁了一整锅汤。所以，小本经营一定要警惕团队毒瘤。

团队毒瘤形形色色，总的来说，对团队影响恶劣的"毒瘤"大致有以下几种。

第一种：抱怨型。

这类员工喜欢抱怨。小本经营本来员工人数就不多，一旦出现这类员工，怨天尤人的负面情绪就有可能在小团队中迅速蔓延开来。抱怨是一种极容易传播的负能量，当它充斥在我们周围时，你会发现，团队的执行力和效率都在走下坡路，消极怠工的现象频有发生，直接影响工作效率和企业发展。

第二种：浮躁型。

手高眼低的人，最容易浮躁，说起话来夸夸其谈，做起事来没有常性、急于求成。这类人往往会影响团队的项目进度和合作韧性。如果小本经营管理者不能很好地驾驭这类人，甚至有被他们带偏的风险。

第三种：冷漠型。

小本经营团队讲究“人虽少，气氛热”的合作效果，如果企业就几个人，彼此间还除了工作外不交流、不沟通，甚至形同陌路，就意味着管理是失败的，团队建设是无效的。事实上，一般来讲，小团队的氛围都比较好，除非团队中有那种冷漠型的人物出现。

冷漠型的人物在大企业中是无伤大雅的，因为团队成员众多，多他一个不多，少他一个不少，不能给团队氛围造成太大影响。但是当他出现在小团队之后，杀伤力非常大。举个简单的例子：一个小团队里有 5 个人，大家想要周末一起聚餐，4 个人都愉快地赞同，只有一个人常年说：“你们去吧，我不去！”这个小团队的整体氛围就可能走向冷漠和割裂。这就是冷漠型的人带给团队的负面作用。

第四种：多疑型。

有一种人，敏感脆弱又多疑，别人一句话说得不到位，他就会想：“这个人讲这种话是什么意思？是不是针对我？”别人在某件事情上稍有不周到的地方，他的脸色一下子就会变得很难看，心里想：“哼，他一定是故意这样做的，肯定对我早就有意见了。你不配合我，就别想我配合你！”

这种人会让别人有战战兢兢、如履薄冰的感觉，最初多出现在私下交往中，最后一定会蔓延到工作协作中，自然影响团队管理效果。

对于团队毒瘤，我们该如何应对和管理呢？有些管理者想得比较简单：直接辞退！事实上，问题没有那么简单。

管理中，最重要的原则就是照章办事，团队管理者首先应该遵循这一原则。如此一来，问题就来了。“毒瘤员工”虽然给团队管理带来了大麻烦，但是他们的行为没有违反任何一条企业的规章制度，如冷漠型员工，难道人家不喜欢和同事打交道就违反规章制度了吗？显然是没有的。

我们所说的几种“行为”，行为方式不同，造成的影响也大不相同。例如抱怨，难道能出台一个禁令，说“不许员工抱怨单位，否则辞退”吗？显然是不能的，即便最积极的员工，有时也难免有抱怨，偶尔的抱怨是无法禁止和杜绝的，对团队的影响也极其有限。只有那些经常抱怨的人才是真正意义上的“毒瘤”，可却很难用规章制度约束他们、惩戒他们。

所以，对于“毒瘤员工”，管理者不能简单地用辞退来解决问题，那样虽然暂时解决了眼前问题，但会带来一些流毒更久的负面效应。

首先，这会让其他员工自危，大家会觉得“只要老板看我不顺眼，他就会辞退我”，如此一来，心里想的不再是如何把事做好，而是如何讨老板的欢心。小本经营管理者需要的是一支有战斗力的团队，而非让自己感到舒服的团队，所以绝不能让团队中出现人人自危、人心涣散的情形。

其次，如果我们按照喜好去做事，而非按照规章制度，就会削弱规章制度在员工心中的分量，等我们想要用规章制度管理团队时，就会变得更加艰难。如果管理者不遵守规章制度，就会失去威信和影响力，无法让员工信服。

面对“毒瘤员工”，管理者应该因人施策，灵活管理，化解他们的负面影响。

对于抱怨型的员工，要以问题解决者的身份出现在他们面前。不管他们的抱怨是空穴来风，还是确有其事，都应让他们在公开场合提出来，把抱怨放到阳光下晒一晒。如果抱怨型的员工只敢私下抱怨，给他们公开抱怨的机会，他们却说不出什么来，那么即便不能遏制他的抱怨行为，抱怨的所谓“不合理现象”在员工心目中的可信度和影响力则会大为削减。如果抱怨型的员工把私下的抱怨拿到桌面上讲，则可根据实际情况处理，有问题的解决问题，没问题的加以申斥，同样可以降低抱怨在团队中的传播力。

对于浮躁型的员工，管理者要以自身从容不迫、成竹在胸的心态抵御他们对团队施加的影响。一般来讲，浮躁型的员工以年轻人为主，我们要采用宽严结合的管理方式，即对他们的冲劲儿和干劲儿给予鼓励，对于他们的冒进行为和浮躁情绪给予严肃打压。总而言之，既不能一棒子打死，也不能让他们随心所欲。

对于冷漠型的员工，管理者要做的事情很简单——主动定义他们。

赵自立管理着一个小团队，团队中有一位员工就是那种特立独行、不喜与他人私交过密的人：每天到了下班点，和谁也不打招呼，就自顾自回家去了；单位有集体活动，他是能躲就躲，即便躲不过，也是一副事不关己的冷漠样子，搞得大家都很不自在。

赵自立觉得这样下去不是办法，于是主动找这位员工谈话，确定他的确仅仅是因为不喜欢团队活动而已，便采取了尊重和理解的方式。赵自立在会议上对所有人说：“小李（该员工姓李）是一个喜欢独处的人，他对工作很负责，对所有同事也很友好，但是每个人都有自己的舒适区，有自己的行为习惯。我们尊重每个人的喜好，所以他如果不想参加我们的活动，我们也不要太勉强了。小李，咱们也提前说好，要是同事们有些热闹场合没有邀请你，是因为尊重你的选择，而不是区别对待，你可不要多心哦！”

小李忙说：“我明白，我明白。我这人不太会社交，去了也是给大家败兴，所以很多场合大家就不用叫我了，大家好好玩，玩尽兴。”

其他同事纷纷表达自己的想法：“每个人都有自己的喜好，咱们只要在工作上齐心协力、精诚合作，其他事情都是次要的。”“没错，有的人就是喜欢热闹，比如我，也有的人喜欢独处，只要我们把话说开就好了！”

通过这场谈话，赵自立主动给小李一个“定义”，不仅让其他同事感到很轻松，也让小李感到自在，避免彼此产生误会和矛盾。这真正实现了多赢。

多疑型员工可能是管理者最为头疼的，正所谓江山易改本性难移，我们既不可能改变其性格，又无法规避他们给团队带来的负面影响。遇到这类员工，我们要采取冷处理的方式，逐渐降低他们在团队中的影响力，等到合适的时机再将其清理出队伍。这类员工，除非不可替代，否则绝不可重用，因为让他们占据团队中的重要位置，只会引起大乱子。

以上是对“毒瘤员工”的分析和应对措施。小本经营管理者应该擦亮眼睛、拿出手段，准确地找出管理他们的好方法，如此才能确保团队的凝聚力。

## 管理人性和人性管理

只会管人的管理者永远算不上好的管理者，因为人的个性、喜好是不同的，同样的办法，用在这个人身上奏效，用到别人身上就可能失效。

好的管理者永远是在管理人性，因为人虽然有千千万，但有几种基本人性是人类与生俱来的共性。抓住了人性的共性，就等于掌握了管理多数人的秘诀。

第一个需要明白的基本人性，就是人对于自尊的需求是天生的、强烈的。如果一个人的自尊受到损害，很容易产生过激反应，如情绪激动、恼羞成怒等。管理过程中，我们若是发现员工异常激动、异常叛逆，这时首先应该回想一下是不是有什么事情伤害到了他们的自尊？

正因人们都有强烈的自尊心，所以小本经营的管理者在与员工交流时，尽量少说一些大道理、少唱一些高调。当一个人对另一个人讲大道理、唱高调的时候，会让对方觉得你是以居高临下的态度与他说话。若是大企业的 CEO 和普通员工这样说话，员工或许不会觉得伤自尊，但当小本经营者以居高临下的态度与员工交流时，就可能引起员工的叛逆心理。

小本经营者与员工交流时，要遵循以下几个原则。一是站在对方的角度考虑问题，说话时要想办法引起对方的共鸣；二是不要触碰对方的逆鳞。每个人都有特别在意的东西，一旦触碰到他们在意的东西，就会使其敏感、多疑甚至易怒。我们将这个东西称为逆鳞，就是龙身上最脆弱的鳞片。所以和员工交流时，不要触碰他们的逆鳞，除非你是故意要激怒他。

我们还需要明白，维护员工的自尊，其实是在维护管理者的脸面。人和人的交往是相互的，你重视他的自尊，他自然维护你的权威；你给他难堪，他自然要想办法找回面子和尊严。尤其年轻人更有个性，喜欢特立独行，若是被伤自尊，很可能做出出格的行为。

第二个需要明白的基本人性是，人的情绪永远宜“疏”不宜“堵”。

很多小本经营管理者遇到问题时通常采取“堵”的办法。例如，员工稍有不满情绪，便赶紧训斥，让他们把不满情绪咽回肚子。再如，员工与管理者有不同意见，这个意见在管理者看来或许比较幼稚，不够成熟，所以员工的话刚出口甚至还没说完，管理者便说：“我知道你什么意思，不用再说了，不行！”这也是一种“堵”。

管理团队如同治理河道一般，新手河工哪里有决口便堵哪里，殊不知，堵得越凶，水聚积得越多，等到再决口时，破坏力也就更大。老手河工，则会采取疏导的办法，当大水来临时，他们会将危险的水流疏导到安全的地方，永绝后患。所以，如果员工有意见、有想法，管理者不妨让他们尽情地说出来。这样不仅可以疏导员工情绪，还可以集思广益。

1924 年 11 月，哈佛大学心理专家梅奥率领研究团队来到西屋电气公司下属的霍桑工厂。他们原本是探讨一系列控制条件（薪水、车间照明度、湿度、休息间隔等）对员工工作表现的影响，找到提高员工工作效率的办法。

最初，团队在工厂里找到 6 名继电器车间的女工，通过改变照明、休息间隔、工资福利等外部因素观察女工的工作效率会有怎样的变化。最终，他们发现改变工作环境后，女工的工作效率明显提高不少。所有人都很高兴，以为找到提高员工工作效率的好办法。于是，他们将这些方法推而广之，开始应用到所有工人身上。奇怪的是，之前对女工有效的方法在大面积推广开来之后，竟然失效了。

经过讨论和研究，团队终于找到原因：女工知道自己是在做实验，她们给了自己一些积极的心理暗示，环境改变后，工作效率随之提高。工人们不知道这是实验，所以环境变化对他们来讲没有实质性的影响。

实验失败了。为了找到新的办法，团队在之后的两年时间不断地找工人谈话，希望他们说出对现有环境的不满，提出可行性意见。在这场实验中，所有谈话加起来有两万多次。此时，研究团队惊讶地发现，谈话过后，虽然他们什么也没做，但是员工的工作效率都提高了。也就是说，让员工提意见、诉苦本身就是一个好方式，已经起到提高效率的作用。

实验里出现的奇妙现象，人们称为霍桑效应。霍桑效应指出，个体的情绪通过吐槽、抱怨等方式发泄后，工作效率能够极大地提高。所以，小团队的管理者一定要让下属发表意见，不要憋在心里头，如此一来，员工才能主动提高工作效率，创造出更多的价值。

现在，社交媒体这么发达，我们完全可以利用它为员工提供

"吐槽"的平台。事实上，很多企业是这样做的。比如华为公司的心声社区，员工可以在里面畅所欲言，"言者无罪"。小本经营团队虽小，也可通过建立"畅所欲言"微信群、QQ群等疏导员工情绪，让他们讲出想说的话。

与管理有关的第三个人性，是人们不会珍惜轻易得到的东西，却经常追忆自己曾经失去的东西。

有些管理者喜欢发奖状、评先进，但是评来评去，也不过是论资排辈，能够拿到的人轻而易举，拿不到的人求而不得。这样的奖状和先进对于获得者来讲来得太过容易，其实是没有意义的。

管理者想要奖励员工，提高其积极性和忠诚度，就要让他们感觉奖励需要努力付出才能得到。这样的奖励，不管奖品大小都会被珍惜。相反，如果你轻易奖励别人，不管你的奖励多大都不会被重视。而且，轻易得到的东西，如果有一天你不给了，员工就会耿耿于怀，心生不满。换句话说，当他们拥有的时候，他们不会在意；但是当他们失去了，又会不断追忆、抱怨。这便是人性的弱点。

理解上述关于人性管理的方式，我们不仅学会了管理人性，也做到了人性化的管理。现在，很多企业在追求人性化管理，但如果单单强调方法，其效果有限。只有先了解人性、管理人性，才能实现人性化管理。尊重员工、耐心倾听、奖惩分明，恰恰是人性化管理的三大要素。管理企业时，管理者把这三大要素贯穿到日常管理中，充分调动员工的积极性，发挥团队的巨大力量便不是什么大问题。

# 第五章 小本经营更要“拿稳”现金流

小本经营必须遵守一条商业准则：拿稳现金流。小本经营者最缺的就是现金，所以必须做好现金流管理，做到会省钱、会花钱，让所有现金得到更好的利用。

## 90% 的小企业死于“现金流”

两个问题：

京东连年亏损，为什么越干越大？

巨人集团盈利能力很强，怎么会轰然倒地？

这两个问题的答案其实可以用同一个词来概括——现金流。

资料显示：2014 年，京东亏损了 50 亿元；2015 年，这一数据增长为 94 亿元；次年情况有所好转，实际亏损额为 34.7 亿元。2017 年《财富》世界 500 强排行榜上，在亏损公司的下设榜单中，京东以 5.7 亿美元的亏损位居中国企业榜首。当马云说京东亏损 300 亿元的时候，京东创始人刘强东也隔空喊话，大方承认京东的确亏损，但只有 90 亿元。

虽然京东连续亏损是事实，但它的订单量、利润、营收等指标是连年上升的。所以，京东商城其实是有连续盈利能力的，可以保证京东强大的现金流。只要有现金流，京东就可以一直存活并发展壮大，等到“拨开云雾见光明”的那一天。

1993 年，史玉柱的巨人集团迎来最辉煌的时期，一年的营业额可以达到 3.6 亿元。要知道，当时“万元户”都属于稀有物种。

靠着超强的盈利能力，巨人集团一跃成为全国第二大民营科技公司。他们到报社给某产品打广告，广告费多达几千万元。巨人集团的人对报社说：“先欠着，等产品利润到位之后，一并结清。”仅仅 4 个月，他们就结清了这笔广告费。

当巨人集团达到顶峰时，史玉柱决定盖一座“巨人大厦”。一开始，他打算盖十几层，够集团办公就可以了。但是有人找到他，说：“既然要盖，为什么不把巨人大厦盖成珠海的地标性建筑呢？”史玉柱一听这话也“上头”了，说：“既然决定要盖成地标建筑，就不仅仅要当珠海的地标，也要当中国的地标。”于是，原计划 18 层的巨人大厦变成 78 层。

为了盖这个未来的中国第一高楼，史玉柱不断地把集团现金投入其中。结果，巨人大厦好像吞金兽一样，不断吞噬着巨人集团的现金流。最终，巨人集团虽然拥有包括巨人大厦在内的许多固定资产，却因现金流短缺而难以为继。

巨人轰然倒地。

两个案例相互印证，说明了现金流的重要性。事实上，不仅大企业特别重视现金流，小本经营的企业更重视。据统计，80%的小企业“死于”现金流短缺。

怎么理解现金流？可以举一个小本经营的例子说明这一切。

假如有三家小企业，一家肉铺，一家卤肉店，一家饭店，肉铺的肉卖给卤肉店，卤肉店的卤肉卖给饭店，饭店把肉卖给顾客。他们的合作一直比较融洽，大家都赚到了钱。一天，饭店想要扩大经营规模，对卤肉店老板说：“我现在要扩张店面，等我的店面做大了，会从你那里进更多的猪肉，但是最近三个月，我的钱都要用在扩张店面上，你继续向我供应卤肉，我赊账，三个月后连本带利一起给你。”

卤肉老板心想："这事靠谱，他的规模扩大后，我也能赚到更多的钱，不如等他三个月。"

卤肉店老板又找到肉铺老板，说："最近我要进更多的货，但是手头没有那么多钱，所以先赊账，你看行不行？"

肉铺老板和卤肉店老板合作多年，相信对方，而且他是自己的"大客户"，所以答应下来。

三个月到了，饭店规模虽然扩大了，但是营业状况没有想象中的好。虽然顾客一天天多了起来，但由于先前投资太大，所以手头非常紧。此时卤肉店老板找上门来，索要卤肉钱。饭店老板自然没有钱给他，卤肉店老板无奈，只得空手而归。他知道，肉店老板也一定再找自己要钱，而自己没有钱给他，一定无法再从他那里拿到肉，拿不到肉，自己的买卖就没办法开张。

没错，肉店老板也很烦。他原本打算从卤肉店老板那大赚一笔，结果货是出了，钱却没有拿到。他手头也很紧，都快没钱进肉了。

三个小店，都迎来了自己的至暗时刻。

这时候，一个人找到饭店老板，希望两个月后可以在他的饭店办一场豪华宴席，并且支付了老板10%的定金——一万块。饭店老板很高兴，他赶紧把收到的钱给了卤肉店老板，卤肉店老板又把钱还给肉店老板。大家继续愉快合作，这条产业链算是又"活"了起来。

大家算是渡过了难关。

一个月后，那位希望摆宴席的人再次找到饭店老板，很抱歉地说："我的宴席不办了，你把定金退给我吧。"在这一个月里，饭店老板已经实现盈利，所以他把一万块定金爽快地退给了摆宴席的人。

可以发现，那一万块钱实际上并非盈利，它从哪里来又回到哪里去，属于典型的“过路财神”，在三个人手里流了一圈。但就是这么一“流”，三个小企业便渡过了危机。这就是现金流的作用。

当然，小经营者不能指望这种意外的现金流，在经营过程中，不管是融资扩大生产还是开设分店，都不要有“钱花出去不要紧，能换来东西就行！”的消费者式的思维，而要形成经营者应该有的想法。

作为小本经营者，我们的一切行为都要围绕现金流做考量，保持健康的现金流。健康现金流的一般标准也很简单——你的手头永远要有保证买卖顺利运转一个账期的可支配现金。

例如，你开了一家店，现在打算开一个分店，需要花 50 万元，恰巧你手头正好有 50 万元，这时候分店能不能开？当然能，但不是用你手里的 50 万元去开，而是想办法融资，绝不能把所有现金都用到扩大生产上。那样的话，只要有一点闪失，你的新店就开不起来，老店也会“黄”。

以上是对现金流初步的、形象的认识，接下来，讲述一些与小本经营联系更加紧密、操作更加复杂的现金流支配原则。

## “利润”和“现金流”不能画等号

很多小本经营者总是想不明白为什么产品卖得不错，账上有可观的利润，却没有多少现金呢？是否账算得不对，还是财务把利润转移了？

有疑惑很正常，因为这些小本经营者没有搞懂什么是利润、什么是现金流。企业卖出产品获得收益减去生产成本、管理成本等，最后得到的就是利润。然而，企业卖出产品后，客户采取赊账的方式，货款在一定期限收回，这部分钱会被计入利润，实际上我们却拿不到现金。所以，利润不等于现金流。

现金流是动态的，有流出的资金，包括项目投资、进货款、员工工资等，也有流入的资金，包括收回的货款、拿到的投资、向债权人和银行贷的款等。你的现金流动得越快，企业经营状况就越良好，生意就越赚钱。

对于很多小本经营者来说，软肋就是手头资金少，没有那么多的现金周转。卖出去的货收不回来钱，进货又需要资金投入，然后现金流出现了危机，促使企业经营陷入困境。事实也证明这一点，很多小本经营者之所以失败，重要原因之一就是没有管理好现金流。

举个例子，你投资了某个行业，目标客户群固定，产品卖得非常好，短时间内迅速占领市场。你的资金每周转一次，客户很快给你汇款，然后你及时加大投资，扩大市场份额，赚到比别人更多的钱。然而，一旦你的资金只流出不流入，客户没有及时付款，你手里的资金就会越来越少，没有足够的资金继续投资、支撑企业日常开支，就会出现现金流危机。到那时，即便项目再好，盈利能力再强，也不得不接受失败的结果。

也就是说，哪怕你卖出100亿元的产品，利润足足有10亿元，只要货款收不回来，企业资金就会紧张。只有把钱及时收回来，现金流才能有所增加，资金周转才能保持健康、顺畅。

因此，贝索斯提醒所有的经营者和创业者：公司的核心能力是自由现金流，而不是财务报表上的数字利润。不管是大投资者还是小本投资者，无不如此。尤其是小本经营者投资时更应谨慎一些，不要对销售情况过于乐观，仅看产品销售好、利润高就掏出所有老本，更不要让应收款项的比例过于高。这是居安思危之道，更是企业经营的必备思维。

一家小公司是做箱包贸易的，主要业务是与箱包工厂合作，给下游销售公司发货。因为公司老板眼光独特，品质要求较高，生意非常不错，利润也不少。为了扩大市场，这位老板推出一个大胆的市场营销计划，以非常优厚的条件与众多销售公司签订协议。果然，产品销售势头迅猛上升，一时间订单如雪片般飞来。

但是因为很多销售公司拖欠货款，这个公司的应收账款数额急速上升，账上可流动的现金越来越少。尤其是一家销售公司，竟然有一笔几万的货款迟迟不入账。同时，公司必须保障其他销售渠道的供货，不断支付箱包工厂的货款，维持企业的日常开支。

小本经营企业的流动资金本来就少，在应收账款居高不下的情况下，箱包贸易公司陷入资金难周转的困境。很快，产品销售额急剧下降，应付账款数额急剧高涨，然后箱包工厂不再发货……

最后，这家生意火爆的箱包贸易公司竟然在短时间内倒闭了，老板还欠下一大笔债务。

很多时候，现金流比利润更重要。资金周转快，企业就越赚钱，发展就越稳健，这是最重要的商业特征。让资金流动起来，保障流入资金大于流出资金，这是小本经营者最应遵守的商业准则。

我们不要被表面的生意火爆所迷惑，而应该确保应收款项及时收回来。若是资金收不回来，所谓的收益、利润就是不真实的，极有可能收不回来，还会拖垮企业、掏空家底。

同时，要懂得尽快打开市场，提高销售额，加快现金流动，保证常有可动用的现金，不让应收账款的比例太高。

2020年，因为疫情影响，美国服装巨头GAP销售额急剧下降，多家门店纷纷被迫关闭。不得以，企业官网早早就打折甩卖，价格低得让人难以想象。同时，企业还采取强制员工休假、暂停股票收购等措施，目的就是保持现有的现金流，确保现金流入和流出的平衡。

大企业如此，小企业更是如此。满大街的服装店、食品店、饭店等时常举行超低折扣大促销、低价大甩卖等活动，以便提高销售额。这种促销活动看似利润少，但是提高了现金周转率，能尽快把投资变成收益。

当然，很多生意不像零售业能随时收回货款，获得利润。很多行业是先发货后收款的，收款方式也是签单记账，到月底或是季度末再凭单据收钱。这种情况下，企业的应收货款就多了起来，现金流动就会比较慢。为此，可以采取以下方式：提高生产率，降低成本，加快资金的周转率；缩短应收账款的周期，保守地赊账，减少坏账的可能性；定期清理库存，宁愿少获得一些利润，也绝不积压库存；合理计划投资，绝不盲目。

总之，在快鱼吃慢鱼的时代，小本经营者必须重视现金流，让手里的资金流动起来。

## “现金”和“流”，一个都不能少

小本经营，本钱总是有限的，现金也很拮据，所以很多小本经营者特别看重现金，总想着把钱都掌握在手里。事实上，情况却没有这些人设想的那样好，往往是自己手里的现金充足了，企业经营却困难起来，最后还到了“死掉”的边缘。为什么呢？就是因为那些现金没有流动起来，成为一笔“死钱”。

不懂经营的小本经营者只想着拿更多的现金，卖掉一批产品，收回一些货款，就把绝大部分的钱牢牢攥在手里，少部分去生产、管理，结果企业的生产规模越来越紧缩，市场份额越来越小，利润和现金流自然越来越少，最终导致企业彻底“死掉”。

安红创办了一家小食品公司，因为手里资金少，担心经营出现意外问题，她尽量节约成本，把绝大部分货款都预留出来。本以为握住现金，公司经营会越来越好，事实恰好相反。在最初的半年，安红的公司确实运转正常，效益也不错，但接下来情况却越来越糟糕，效益越来越差。

安红感到很困扰，不知如何解决这个问题。后来，一个朋友告诉她“你是不是没有让手里的现金转起来？小本经营，手里确实应该掌握足够可支配的现金，但却不能本末倒置。你预留的现金越来越多，生产投入、管理投入越来越少，几乎不进行产品的更新换代，不打开新的销售渠道，如此一来，公司运营怎会健康？”

朋友的话让安红醒悟过来。因为紧抓现金，公司的投资越来越缩减，资金使用率和流动率越来越低，这才导致经营越来越不景气。好在安红及时调整经营策略，确保现金的流动和有效使用，才让公司转危为安。

恰如培根所说：“钱财是有翅膀的，有时它自己会飞去，有时你必须放它出去飞，好招引更多的钱来。”不管任何时候，不管是个人理财还是经营公司，只知道攒钱而不知道赚钱，永远成就不了财富梦想。在市场形势日新月异的今天，提高资金流转效率，得到更多的利润，用来抵消成本、不断投资，才是推动小本经营越做越大的最佳动力。那些能迅速做大的企业，凭借的就是资金的不断流动。所以，让资金流动起来，提高资金周转率吧！做到这一点，你的钱会越来越多，源源不断地流进来。

不妨做个假设：一个人投资 50 万元做生意，每年有 20％的收益，一年后即便他不花一分钱，手里的资金也只有 10 万元。若是他留下收益的 20% 作为可支配现金，利用 80% 的资金再投资，或是扩大生产，或是提高生产效率，或是研发新产品，那么随着市场的扩大、销售额的提升，每年收益可能达到 30%、40%，赚到的钱会越来越多，公司也可长远健康地发展。

所以，聪明的小本经营者要学会精打细算，不是计算手里能抓住多少钱，而是计算资金周转率。倘若这个人投资的利润回报率为 10％，即便你再精打细算、节约成本，恐怕也很难再提升 10% 或 5%。提高资金周转率就不一样了，资金一年周转 4 次，就可以获得 40% 的增值。若是对市场走势判断正确，每次周转都盈利 20% 或是更多，所得利润就会超过 100％。

换句话说，过去最有效的赚钱手段是提高利润，今天最有效的赚钱手段是保证现金的自由流动，想办法提高资金的周转率。犹太人很爱钱，最善于和钱打交道，但是他们不喜欢存钱，更喜欢让钱流动起来，生更多的钱。

约瑟夫·普利策是一位赫赫有名的传媒大亨，创办了《圣路易斯邮报快讯报》，还设立了世界上最权威的新闻奖项。他 17 岁就到美国谋生，在军队服过役，还做过律师，深思熟虑后决定创业。

一开始，他没有创业资金，也没有经验，先以半薪为条件在一家报社当实习记者。因为他勤劳肯干、善于学习，很快就被提拔为编辑，工资收入也比其他人多。几年后，普利策拿出全部积蓄创办了《圣路易斯邮报快讯报》。报纸以经济信息为主，迎合当时的商业趋势，很快就受到读者和广告客户的欢迎、认可。

普利策手里的资金开始充裕起来，每年都能赚 15 万美元以上。然而，他没有攥着这笔钱，而是继续发展事业，不断壮大报纸的规模，还收购了《纽约世界报》，使资金有效运转起来。

普利策有自己的梦想，赚到钱后没有让它们躺在银行，而是积极寻求创业的机会。报纸有了广告收益，他也没有紧紧攥着资金，而是让资金流动起来。结果，报纸的发行量越来越大，事业不断发展。试想，若是他因资金少拒绝花钱，恐怕永远无法成为美国报业巨头。

对小本经营者来说，现金就是生命，我们要保障手里有充足的可支配现金，但前提是必须让现金流动起来，而不是闲置起来。简单地说，小本经营者想要赚钱，就要懂得如何管理资金，既要想办法赚钱，更要想办法合理地花钱。把手里的钱花出去，提高资金的使用率和周转率，如此一来，才能让更多的钱流进来，生意才会如同滚雪球一般越滚越大。

## 账期就是你的“生命周期”！

商场上流行着一则俗语：“赊三不如现二。”这告诉我们：小本经营者最好不要赊账，攥在手里的才是真正的钱。可即便再小的企业，日常经营中也难免账款，你为客户提供产品，然后在一定周期内才能收回货款。然而，很多小本经营者不懂得控制账期，一方面积极向合作者提供货物，另一方面任由对方拖长账期，结果账款越积越多，应收款项比例持续飙升，几经周折，手里的可用资金越来越少，让自己的辛苦经营打了水漂。

也许很多人不了解账期，但它真的非常重要。现实生活中，你借给朋友一大笔钱，若是朋友一周内还清，你手里的资金就会很充足，不至于影响当月的消费、投资等，可若是朋友 1 个月或 3 个月才还钱，你手头会越来越紧张，还可能因为没有足够现金而缩减开支，导致生活、交际、投资都受很大影响，甚至不得不负债。小本经营也是如此，想要企业运作正常，手里的资金必须充足，账期必须缩短。这需要你每个月都检查账目，确保及时收回应收账款，合作方不拖账、赖账。

我们时常看到很多餐馆或小超市都会贴上这样的标语——“现

金交易，恕不赊欠”，说白了，就是为了减少呆账、坏账的可能性，促进现金的及时回流。其实，小餐馆、小超市的商品价格都不算贵，如果允许客户赊账，风险只能由经营者来承担。换言之，允许太多人赊账，收账出现困难，必将影响经营者的资金周转，甚至使经营陷入困境。

因此，为了自己的利益不受侵害，最好把现金回收放在第一位，尽可能缩短账期，避免赊账。

河北有一家销售饲料的企业，因为产品品质高且弥补了市场缺陷，销售业绩始终不错。企业老板徐峰和很多养殖场达成了销售协议，但是产品销售出去了，却没有变成现金。

原因很简单，为了打开市场，徐峰采取赊购的方式，要求养殖场支付 30% 的货款，等到 3 个月后再支付剩余的货款。这个账期太长了，足足 3 个月不能回收资金，导致企业的销售看似风光，但因为没有足够的现金流入，企业不能正常经营，甚至面临倒闭的危机。面对这样的情况，徐峰只能求助一位懂经营的朋友。这位朋友深刻认识到问题的严重性，建议他尽快回收账款。

徐峰没有直接上门讨要货款，而是进行了一番摸底调查。他了解到近一年养殖业的发展势头很不错，大部分养殖场效益很好。于是，他来到一家养殖场，只是说来了解行业状况和饲料的功效。养殖场负责人非常乐意讲解自己养殖场的情况，并且表示会继续购买徐峰的饲料。这时候，徐峰才表明来意，说出公司现在面临的困难。这位养殖场负责人当场表示可以支付货款，同意缩短账期。徐峰拜访了绝大部分客户，成功地解决了资金链断裂的问题。

可以说，账期就是小本经营者的企业生命周期。账期越短，现金周转越快，企业可自由支配的现金流就越充足。相反，账期越长，现金周转越慢，企业可支配的现金流就越少，一旦出现意外情况，就可能发生资金链断裂的危险。

不妨算一笔账：企业 A 从企业 B 购买价值 100 万的货物，账期为 60 天，生产和存货周期为 30 天，以 120 万的价值卖给企业 C，账期同样为 60 天。那么，企业 A 的现金循环周期为 30 天，即生产和存货周期（30 天）+ 应收款周转期（60 天）– 应付款周转期（60 天）。这意味着企业 A 必须准备 100 万资金，并且被占用 30 天。一旦出现企业 C 拖欠货款的情况，现金周转就容易出现问题。若是企业 C 的货款成为呆账或坏账，企业 A 的资金链就会断裂，面临倒闭的危险。

假设企业想办法缩短账期、应收款周转期，即规定企业 C 的账期为 45 天，或是延长自己的付款时间为 65 天，现金循环周期则为 10 天，企业拥有可自由支配的现金流充足，竞争力得以提升。也就是说，小本经营者应该想办法延长应付账款的时间，缩短应收账款时间、商品生产周期以及商品库存周期。满足这些条件，企业账期就会明显缩短，可自由支配的现金流就会越来越充足。

此外，小本经营者必须看清企业的财务状况，懂得处理账款问题。当应收账款比例较高时，第一个要考虑的问题就是尽快收取现金，即便缩减利润率，也要让对方尽快一次性付清。小本经营者要谨慎选择客户，准确了解客户的实际情况，掌握其信誉、经营状态，根据情况判断是否可能出现呆账或坏账。面对出现呆账的情况，千万不要急躁、冲动地解决问题，而是详细了解，采用正确的方式解决问题。

总之，小本经营者必须注意，现金流是企业的命脉，账期是企业的生命周期。在经营过程中，手里必须拥有足够充裕的周转资金，想办法缩短账期，确保资金周转顺畅和快速。如此一来，生意才能渐入正轨，企业的生存和发展才能长远。

## 什么时候扩大经营？现金流说了算

很多小本经营者在创业初期是非常谨慎的，选择稳扎稳打的策略。可是每个人都渴望更大的成功，为了实现梦想或是赚更多的钱，扩大经营就成为他们日思夜想的事情。看着市场前景越来越好，自己的生意步入正轨，于是一些人便陷入美好的想象，逐渐脱离原本的保守思维，谋划着扩张，争取更大的利润。事实上，人们不能轻易陷入美好的想象，因为一旦被这种情绪控制，行为就会变得不理智。这些小本经营者只看到了所谓的市场前景、企业盈利、利润提升，而忽视了最重要的因素——现金流。

1997 年 9 月，日本著名百货公司八佰伴宣布破产，这家在世界范围都有大影响的公司竟然轰然倒塌。这个消息引起一片哗然，人们不明白为什么业绩蒸蒸日上、看不出任何亏损的企业怎么就破产了？最终，人们才弄明白事情的真相——八佰伴公司的现金流出了问题，资金周转严重困难。起因是那一年，它在东南亚一带急剧扩张，忽视了企业的现金流是否充足。

八佰伴公司看到的是未来的发展前景和广阔的市场空间。为了自身发展，它可以向外扩张，但扩张的依据不应是业绩是否持续上升，而应是现金是否充足、现金流入和流出是否平稳。正是因为企业发展势头好、盈利状况也很好，经营者开始沾沾自喜，盲目扩大经营，急于快速扩张，忽视了资金周转是否顺畅以及可支配的自由现金流是否充足，结果使企业资金过度消耗，资金回笼很难及时跟上，原本大好的发展前景一去不返，企业发展陷入困境。

大企业扩张如此，小本经营扩大规模更是如此。借用之前的例子：你的小店产品销路很好，每个月都有不错的盈利，客户资源稳定，恰巧你手头有 50 万元现金，这个时候可以扩大经营吗？必须看你的现金流是否健康，手里可支配的现金是否充足。如果你每个月都有50万元以上的现金流入，账期只有一个月或是更短，就可以拿出 50 万元现金扩大经营。如果你每个月只能收回 10 万元现金，账面的应收账款、应付账款金额都非常高，就不能盲目地扩大经营。否则，只要有一点点意外，你的资金链就会断裂，不仅无法实现扩大经营的目的，企业经营也会陷入困境。

小本经营，现金流永远是生命线，而且企业经不起大的折腾，稳步发展才是第一步。因此，盈利状况良好，也不要着急扩大经营；市场空间广阔，也不要急于加大投资。只有现金流充沛，能够持续地为企业“补血”，或企业能及时健康地“回血”，小本经营者才能考虑扩大生意的相关事宜。

深圳有一家规模很小的甜品店，每碗甜品不过 5 元钱，纯属小本生意。因为甜品味美、价优，老板周到热情，自从开张伊始，生意就异常火爆。仅仅一年时间，这家甜品店就火爆全深圳，很多年轻人特意从城市的另一头跑过来品尝，店铺外每天都排起长长的队列。

于是，一些朋友和顾客便建议老板说，生意这么火爆，为什么不扩大店面或是开个分店？老板非常冷静，说道：“我这家店铺生意是火爆，可只是小买卖，赚的钱不多。扩大店面或是开分店，投资不小，资金回流却很慢，风险可不小！之后生意若是一直都这么好，那不必说什么，一旦生意不好，岂不是得不偿失。”

就这样，甜品店老板踏实地经营着小店铺，慢慢增加甜品种类，根据顾客需求推出甜点、茶汤。在他的用心经营下，这家小店铺也创造出了大利润。这次他没有拒绝扩大店铺，而是用心地把小甜品铺发展成小有规模的甜品屋。

其实，扩大经营就是扩大投资，它的前提是生意好、顾客多、企业发展前景好。如果你认为只要生意好、顾客多、企业发展前景好就可以扩大经营，那是不对的。小本经营，利润微薄，销售额再好，利润也不一定好；生意再好，顾客再多，现金流不充足，资金周转不过来，也可能是“竹篮打水一场空”。所以，无论任何时候，现金流都是最重要的。保持理性发展，以现金流充足作为扩大经营的前提条件，才是小本经营者应该坚持的正确发展策略。

下面故事或许能说明一些道理：一个人家里养了几只羊，准备养大后到集市上卖钱。没过多久，他发现一只羊怀孕了，再过几个月就可以生出小羊。面对这种情况，他心里想：我已经好久没吃肉了，不如先杀一只羊吃，反正没过多久大羊就可以生出小羊，小羊长大后照样可以赚钱。于是，他美滋滋地吃了一只羊。还没等小羊生下来，这个人又馋了，忍不住又吃了一只。就这样，小羊还没生出来，羊就被他吃完了，赚钱自然无望。

其实，这个人养羊卖钱就等于投资，意外得到的小羊等于资金的回流，吃掉的羊等于资金流出。最初他是想要保住资金流入和流出平衡，却因欲望失去理智，导致资金还没流入就花光了手里所有的钱，如此一来又拿什么去投资赚钱呢？

所以，小本经营者不要只看账面利润、销售额，更不要只看手里有没有足够的资金。要记住，盈利只是纸上富贵，现金才是真金白银；手中资金要合理利用，保障现金持续流入、企业“回血”及时，才是企业经营的关键。

## 学好现金管理，把钱用对地方

通常来说，小本经营者因为资金不足，大多有省钱的思想。很多人赚了一些钱后就开始自我感觉良好，犯了胡乱花钱的错误。一些人为了享受或虚荣心花钱大手大脚，买车、买房、搬进好的办公大楼，为自己准备豪华的办公室；一些人不再控制成本，把钱花在不该花的地方，随意做宣传、打广告等。就这样，钱确实没少赚，可利润也被消耗一空，真正到用钱时两手空空。

所以，小本经营者应该做好现金管理，控制好每笔现金流的去向。事实上，很多大企业越财大气粗，就越重视资金管理，绝不允许浪费一分钱。沃尔玛是享誉全球的大企业，是全球营业额最大的连锁公司。但是沃尔玛亚洲区总裁钟浩威从来不因虚荣心或享受而大手大脚花钱，每次出差都只乘坐经济舱，购买打折机票。他还有一个习惯：每次都问邻座乘客的机票价格，如果发现对方的机票比自己的便宜，还会质询相关人员，批评他们不懂得省钱。

不仅区域总裁如此，就连普通员工也是如此。沃尔玛每个成员都把节约成本、不乱花钱记在心中，其砍价手被供货商认为是最精明、最难缠的人，因为他们总是力求把价格砍到最低，每次出差都只住便宜的招待所。

企业获得的收益并不等于利润，你实际能赚多少钱，等于销售额减去各种成本，包括人工、房租、机器设备、产品成本、运输成本等。虽然说省钱、节约成本未必会让企业发展壮大，然而这是企业能够长足发展的关键因素。尤其对小本经营者来说，不控制成本，不合理计划每分钱，很有可能陷入亏损的困境。

比如，你开了一家花店，生意非常不错，每天手里都有很多现金。于是，你认为自己赚钱了，便洋洋得意起来，花钱大手大脚：多请一个员工，只为自己轻松些；进一些价格昂贵但客户需求不多的花；添加一些不必要的装饰；给员工多一些奖金；自己吃喝玩乐……结果，年终一结算，发现辛苦一年不仅没赚钱，反而赔了不少。

所以，小本经营者想要赚钱且做得更强更大，就应该学会如何正确地管理资金，不仅要想办法提升收益，更应懂得省钱、节约成本。那么，是不是说越省钱、越节约成本就越好呢？并非如此。很多小本经营者认为成功的关键在于省钱，控制成本，提升收益，该花的钱少花，不该花的钱不花。事实上，这种思想有失偏颇。所谓现金管理，不只是省钱而已，而是做好现金收入和支出的合理规划，力求把每分钱花在最有价值的地方。因为一味地省钱或许可以保证企业不会一夜之间倒掉，但不会保证企业更好发展、赚更多的钱。

我们说过，一味地省钱，把现金牢牢把握在手中，不花钱、不投资，就会造成资金闲置和浪费，使企业发展受限。很多小本经营者之所以失败，就是因为误入这个陷阱。所以，我们要学会更好地花钱，不仅不造成现金闲置，还做到花最少的钱实现最大的价值。

一位商人非常有生意头脑，短短几年时间就赚取了大额财富。他想把个人财富保管在银行里，但又觉得银行的保管费用太高。经过思考，他想出一个绝好的主意：向银行借1美元。

当他前往某银行大厅时，大厅经理前来招待并询问他有什么业务需要办理。当得知他需要借款时，大厅经理把他引到贷款部。贷款部工作人员询问他：“请问您想借多少钱？”

“1美元。”商人回答。

贷款部工作人员惊讶地问：“只借1美元？”

“是的，我只想借1美元，可以吗？”

工作人员打量着商人——身穿名贵的西装，脚穿高档的皮鞋，心想：或许这位先生只是在试探我们银行的服务吧，要不然，为什么只借1美元呢？

于是，工作人员说：“当然可以，只要您有担保，借多少钱都可以。”

随后，商人从皮包里拿出一大堆股票、证券等放在柜台上，问道：“这些做担保可以吗？”

工作人员仔细地清点后，不解地问：“先生，这里的资产一共价值50万美元，难道您真的只借1美元吗？”商人给予肯定的回答。

工作人员只好说：“好的，我为您办理手续，年息6%，只要你付6%的利息，且在一年后归还贷款，我们就将这些作保的股票和证券还给你……”

整个过程中，大厅经理都在一旁观察。等商人办好业务后，他追上去请教说：“先生，我能请教您一个问题吗？”

商人笑着说：“当然。我知道您有什么疑问，是不是想问我明明有 50 万美元的资产，却为什么只借 1 美元呢？”大厅经理点点头。商人继续说：“我不妨实话实说，其实我想把这些资产放到你们银行保管，但觉得保管费用太贵了。所以，我想到这个办法，用这些资产做担保来借最少的钱，这样不仅安全还便宜，一年的利息不过 6 美分……”

做生意，简单地说就是会赚钱、会管钱、会花钱。如果你只会赚钱，不会管钱，不会花钱，等待你的或许只是“竹篮打水一场空”。所以，小本经营者即便资本少、赚得少，也必须学会现金管理，懂得如何省钱、节约成本，把钱花在对的地方，用最少的钱创造最大的价值。

学会管理现金之道，将钱花在刀刃上，财富也就滚滚而来了。

# 第六章

# 别把客户当“上帝”

“客户就是上帝”，是一个人人知晓的口号。事实上，以客户为重固然重要，小本经营者却没必要把客户当“上帝”，对客户有求必应、俯首帖耳。想要赢得客户，我们需要关注客户需求，为客户提供更有价值的产品和服务。

## 小本经营，无须“神化”客户

“客户就是上帝”是很多小本经营者奉行的商业准则，因为他们知道，没有客户，企业就无法生存下去。于是，绝大部分小本经营者对待客户就像对待“上帝”，认为客户的话永远是正确的，一味满足客户的要求，即便它是无理的。

事实上，以客户为重固然是对的，可没有必要神化客户。市场经济中，客户不是“上帝”，也无法成为“上帝”。小本经营者不能单纯地以客户为导向，而是懂得密切关注客户的需求，生产或销售满足客户需求的产品或服务，积极听取客户意见，尽可能地为客户提供更有价值的产品和服务。做到这一点，即便你不把客户当“上帝”，同样可以获得客户的信任和忠诚，从而提升市场占有率，赚取更多的利润。

亚马逊是网络电子商务公司，宗旨是成为地球上最以客户为中心的公司。创始人贝索斯说过：“我们希望把亚马逊打造成为世界上最以客户为本的一家公司，不用关注竞争对手，也不用管别人在做什么，只需要关注客户。”亚马逊看重客户的需求和喜好，95% 的创新产品源于对客户需求的深入了解和挖掘，包括 Kindle

电子书阅读、AWS 云计算服务等。

亚马逊非常重视客户的意见反馈。之前一位常年在亚马逊购物的网友在帖子里分享了自己的一次购物经历，就是这次经历让他成为亚马逊最忠实的客户和粉丝。当时他通过亚马逊的线上商店租了一部电影。大家知道，在线观看视频很容易出现的一个问题，就是对影片进行暂停、开始、快进或者快退等操作时，播放器可能会崩溃，需要重启才能继续观看。这是在线视频普遍存在的问题，几乎所有网站都不可避免。

很多人都遇到过这个问题，虽然当时很烦躁，或许还会抱怨几句，但很快就会忘记了，不会放在心上，那些提供在线视频的公司自然也不会放在心上。所以，遇到这样的问题，这位网友根本没在意。令人惊讶的是，几天后他收到一封来自亚马逊的邮件，内容是这样的：

您好：

我们发现您从亚马逊视频租借了一部电影，但该影片却未能为您提供优秀的观影体验。

我们感到十分抱歉。为了弥补这一过失，我们将为您提供影片的全额退款，一共 2.99 美元。款项已经退到您的账户中，请注意查收。

……

希望我们还能够继续为您提供服务。

——来自亚马逊视频点播团队

看到这封邮件，这位网友感到非常震惊。他没有想到亚马逊竟然注意到了这个小问题，并且给自己发了邮件，还作出了补偿。

他在帖子里说："我在想，或许曾经苹果、谷歌也'注意到'过这个问题，它们提供的在线视频点播服务没有为我提供良好的观影体验，可问题是，他们从来没有因此向我道过歉，更别提全额退款了！"这位网友感觉自己被重视和尊重了，对亚马逊的好感度和信任度更加强烈，成为它最忠实的粉丝。

就是因为亚马逊把"客户第一"口号的服务理念贯彻到产品和服务的每个细节，所以才能在众多电子商务企业中脱颖而出。但是这不意味着亚马逊神话客户，对待客户像对待上帝一般。贝索斯多次强调，"只听客户是不够的，你还要为客户创造利益。创造利益这件事不是客户的工作"。

他认为为客户创造利益有两种方式：一种是从自己的技能里找到最擅长的，然后不断扩展。在这一方面，亚马逊不断扩展自己最擅长的网上销售，从图书到更多种类的产品，再到云服务。另一种是深入研究客户，根据客户需求掌握和开发新技能。Kindle 就是一个很好的例子。为了做出满足客户需求的 Kindle，亚马逊学习硬件技术，把多种技术融合起来，最后创造出这个全新的整体服务。

无论是谁，无论做什么生意，都要从客户出发。大企业如此，小本经营者更是如此。但必须注意，努力的方向应该是为客户提供更切合需求、更有价值的产品和服务，而不是无限度地把客户神化，失去自我的定位和原则，否则很容易造成部分客户自身利益的过于崇高化，产生无限制的心理需求，造成小本经营者和客户之间的矛盾。

不妨看看下面这个事例：

海尔为了满足客户需求不断摸索和探求，生产出不同型号的产品，提高客户满意度和售后服务质量。某段时间，海尔客服收到一位农民的投诉，说洗衣机的排水管总是堵塞，于是客服人员立即前往客户家中调查回访，竟发现这位农民时常用洗衣机洗红薯。客服人员为农民解决问题后，把这个信息反馈到高层。高层和技术人员灵机一动：既然客户有这个需求，我们为什么不生产既能洗衣服又能洗红薯的产品呢？其实，这根本不存在技术问题，只要把排水口稍微加粗，使得泥沙顺利排出就可以了。很快，这种洗衣机投放到农村市场，受到广大客户的欢迎。

这种解决方法才是真的为客户着想，把客户需求放在第一位。试想，若是海尔接到投诉后，只是按照农民的要求维修、换货，甚至道歉、赔偿，只是表面上解决问题，投诉和问题还会不断涌现。当客户认为海尔的洗衣机频频出现问题，且不能满足自己的需求时，就会直接抛弃这个品牌，再也不会选择和信任。

任何把“客户永远是对的”“满足客户一切要求”“必须取悦客户”当口号和服务宗旨的企业都是不理智的，他们曲解了“客户第一”“以客户为重”这一商业思维的真正含义。小本经营者只有根据客户的心理需求、市场导向以及自身实际生产和销售高质量、最有价值的产品和服务，才能真正做到直击客户的心理要害，然后在竞争中立于不败之地。

## 提供更好服务，而非无限取悦

想要做好生意，必须从客户出发。大企业如此，小本经营者更是如此。比如，经营小餐馆，菜品是大众菜肴，位置是人来人往的商业街，竞争者就有十几家，这时候靠什么抓住客户，当然是提供优质周到的服务。

经营者为客户提供的不仅是产品本身，更涉及附加服务。很多时候，即便你的产品再好，但服务质量不高，如待客意识不强，忽视客户的感受，对客户冷言冷语，客户肯定会毫不犹豫地把你抛弃。相反，即便你的产品品质不是最好的，价格还有些高，但服务热心、周到、体贴，给客户最佳的消费体现，依旧受人追捧。

海底捞经营模式的特殊性就是如此。与其他火锅相比，它的味道不是最好的，价格也有些小贵，但为什么总是有无数人追捧？就是因为它拥有让客户满意的超一流服务。其服务可以用几个词语来概括，即有求必应，无微不至，嘘寒问暖，满满仪式感。

客人带小孩用餐，服务员会拿来玩具、儿童座椅，还会帮忙照看；客人散着长头发，服务员会提供头绳；客户杯子空了，服务员会立即倒满水；客户一个人吃饭，服务员会抱来玩偶陪伴；

客户过生日，服务员不仅会送蛋糕、水果，还会[illegible]户唱生日歌。若是客流量大，客户需要长时间等待，服务员[illegible]提供纸牌、跳棋等小游戏，以及瓜子等零食……

不难看出，这些服务的背后其实是以[illegible]意度和忠诚度为出发点的，让客户享受到其他同等价位[illegible]无法提供的服务，感受到物超所值。这些服务真的比打[illegible]卡更让客户满足。

与海底捞一样，香港老牌餐厅[illegible]是以服务取胜的。鼎泰丰以卖小笼包起家，原本是[illegible]子的小店。就是这样一家不起眼的小笼包店，[illegible]和服务获得米其林一星的评价，甚至被《纽约[illegible]十大餐厅之一。

鼎泰丰的包子[illegible]是真材实料。为了让客户品尝到口感最佳[illegible]卖刚刚出笼的包子，凉了宁可扔掉也绝不[illegible]常细心周到，小雨天会给客户送上热毛巾[illegible]高。

[illegible]，很多时候无法跟强大的竞争者匹敌，[illegible]中到服务品质上。很多时候，一声热情的[illegible]微笑、一个体贴的动作都能让客户体会到真诚周到，及时倒上热水、温柔地点餐、细心地领位都能让客户感受到宾至如归，从而心甘情愿地成为忠实的客户。

这是一个朴素的道理，却是永远不可否认的真理。现在，做生意的人越来越多，不管哪行哪业竞争都越来越激烈，你提供更好的服务，客户就会经常来光顾，为你带来更多的收益。如果你没有服务意识，对待客户不够热情周到，甚至把他们当作“冤大头”，很快就会被客户无情地抛弃，吃下自己种下的苦果。

有些小本经营者问了，既然如此，我们是不是要取悦客户呢？答案是否定的。做好服务不是把客户像上帝一样供起来，无限地满足和取悦，也不是网络上流行的“客户虐我千百遍，我把客户当初恋”“把客户当大爷，把自己当孙子”。小本经营者和客户之间的关系是平等的，靠产品和服务来维系。我们可以为客户提供更好的服务，但这不意味着无原则地取悦客户，一是没有必要，二是很多时候无限地取悦反而适得其反，让客户感到反感和轻视，进而失去客户的青睐。

小钱开了一家女装店，她认为想要生意好就必须热情服务并且取悦客户。于是，她发挥了嘴皮子的优势，每次店里进来一个客户就非常热情地和人家套近乎，不是叫姐姐就是喊“亲爱的”；客户看衣服，她立即形影不离地跟着，即便客户说想自己看看，她也紧跟且喋喋不休地介绍和推荐；客户拿起一件衣服，她立即告诉人家这件衣服很适合对方的身材，穿在身上一定很好看，极尽奉承之能事。小钱以为自己的热情指数提高了，生意肯定会更好。事实恰好相反，她的生意越来越惨淡，几乎没人愿意登门。

所以，过度热情和无原则地取悦，是做生意最忌讳的。这会给客户造成心理压力，内心感到不快甚至抵触，使得原本该成交的生意泡了汤。古人说过犹不及、月满则亏就是这个道理。

无原则取悦客户还可能产生另一个问题，就是本末倒置，让小本经营者失去主动权。比如，一家设计公司为了让客户满意，按照客户的建议不停地修改设计稿，结果设计稿满足了客户的需求，但实用价值和设计价值却大大降低，最终出了问题只能自己背锅。再如，一家粤式餐厅的主打菜品脆炒牛柳，牛柳是脆的，味道清香可口，可客户偏爱软糯的口感，非要求把牛柳炒成炖牛肉般软糯。若是主厨一味取悦客户，改变菜品的味道和火候，餐厅恐怕也很难长远经营下去。还会出现类似的情况：为了取悦客户而费尽心思，甚至客户的什么要求都满足，可客户依旧不满意，甚至从此再不登门。

所以，小本经营者要注意：客户不是“上帝”，提升服务质量，全力满足客户需求，但必须明白好的服务不是没有边界的，不只是取悦和讨好。任何行业都有其标准，任何产品都有其特性和价值，服务也是如此。在遵守行业标准和服务特性的前提下，保持适度的热情，让客户感受到服务的细心、周到、适度，才是正确的经营之道。

## 懂得适当吃亏，不吝啬让利

小本经营者和客户的关系就像鱼和水，谁也不能离开谁。鱼离开了水，会呼吸困难，丢掉宝贵的生命；水离开了鱼，也会失去生机和活力，变成一潭死水。因此，小本经营者应该和客户建立起伙伴关系，多为客户着想，有时候还要做出适当的让利。

表面上看，让利是吃亏了，实际上并非如此。举个例子，你和客户谈项目，恨不得一单生意赚个盆满钵满，然后把客户的利润压得不能再低，这笔生意只可能成为一锤子买卖，你在客户那里的信誉、名声和口碑都好不了。时间长了，生意越做越小，财富道路越走越窄。相反，你懂得适当吃亏，让客户有钱赚，把利润分得均匀合理，客户更愿意和你合作。时间长了，很多人会成为你的固定客户，找你做生意的人还会络绎不绝，促使你的生意越做越大。

魏千翔出生在一个农村家庭，从小家庭境况不算好，后来好不容易考入不错的大学。毕业后，魏千翔赚的钱不多，还要贴补家用。他觉得靠着那点死工资很难富起来，更难以改变自己和全家人的命运，因此打定主意辞职，然后到外面去闯一闯。

经过考察，他用全部积蓄和筹措的资金开了一家五金店，代理销售一些机械设备。一开始产品很难打开销路，因为他没有资源、没有人脉。经过两年的辛苦经营，魏千翔的五金店有了固定的客户，生意越来越好。一天，店里来了一位老客户想买20个配件。很不巧，对方需要的配件卖完了，库房也没有存货。

魏千翔表示3天后新货就可以入库，希望客户能等候一下。可是，那位客户非常着急，因为他工厂的机械设备出了问题，没有这个配件就要停工，而停工意味着不小的损失。看客户很着急，魏千翔立即和当地同行联系，看能不能把这个配件调过来。事情就是这样不巧，当地十几家同行都没有足够存货，很多店里只有一两个。为了解决客户的燃眉之急，魏千翔特意跑了几家店，用零售价买全了20个配件，然后原价卖给这个客户。当这位客户拿到配件后，非常感谢魏千翔为自己解决了大问题，同时表示不会让他吃亏，自己可以加价20%。但是魏千翔立即拒绝了，对客户说："这只是我的举手之劳，您是我们店的老客户，没必要这么在意。再说，我并没有吃亏，只是跑跑腿而已。"

之后，这位客户只从魏千翔这里买配件，还为他介绍了不少朋友。两年后，这位客户的工厂扩大规模，需要购买一些新设备，很多同行争着抢这个生意。尽管这些同行给出很低的价格，但这笔生意还是落在魏千翔的手里。这位客户对魏千翔说："我想都没想就拒绝了他们，就算你的价格比他们高，我也只找你。"

当初魏千翔费心费力为客户找配件，甘愿吃亏也不加价，表面上是吃了亏，实际上因为他尽己所能地帮助这位客户，赢得了对方的信任和好感，自然把老顾客变成最忠实的客户。

小本经营者想要得到发展，必然要依赖客户的帮助和支持，所以不管任何时候，都不能把客户放在对立面，更不能一心想着自己占便宜却让客户吃亏。或许这次你占了便宜，下次也占了便宜，但能永远占便宜吗？客户不傻，和你合作只能得到少许收益，向你购买东西要掏更多的钱，人家为什么继续相信和支持你呢？

因此，小本经营者可以想办法提高收益，但要懂得适当吃亏，不吝啬给客户让利。这是一种经商思维，也是一种长远眼光。

岛村方雄是日本的“绳索大王”，原本只是一个小本经营的普通商人。日本的渔民很多，出海打鱼需要麻绳，他认为做麻绳生意肯定能获得大财富，便决定做批发麻绳的生意。他从一家麻绳工厂采购大量麻绳，每根的进价是 5 毛钱，按理说算上运输费、保管费和装卸费以及个人工费，销售价格肯定高于 5 毛钱。可是他只卖成本价，整整一年时间都做着赔本买卖，不仅一分钱没赚反而还赔了不少。岛村方雄的名声很快传开，几乎整个日本都知道有一个叫岛村的人卖的麻绳非常便宜，无数客户主动找上门来，他的生意越来越红火。

这时，有人感到困惑：每根麻绳都是原价出售，岂不是生意越好就越赔钱？没错，这是不争的事实。然而，所有人都不知道这只是岛村的营销策略，在销路打开、名声广传之后，他找到麻绳厂谈判，表示自己从这里购买了麻绳，销量非常好，但一整年时间自己都是赔钱的，一分钱没有赚。同时，他拿出所有的客户订单，证明自己所说非虚。麻绳厂为了留住这个大客户，最终同意把每条麻绳的价格降低 5 分钱。

随后，岛村又和客户真诚谈判，表示自己为了打开销路而原价出售麻绳，现在已经赔了不少钱，若是继续这样下去，自己恐怕就破产了。他还坦诚自己和厂商争取了 5 分钱的差价，希望客户能给自己加一点价。客户知道岛村是做赔本买卖，也不愿意让他继续吃亏，于是都心甘情愿地加 5 分钱。就这样，岛村一条麻绳赚 1 毛钱，每天的订单量高达 1000 万条，利润达到 100 万日元。

可以说，岛村方雄非常有做生意的头脑，因为他懂得吃亏、让利的道理。一开始，他把利益让给客户，赔钱做生意，正因如此，快速占领市场，赢得雪片般的订单。之后，他真诚地和客户谈判，明明白白地说出自己的意图，请求客户只加一点价。所以，客户也给予他足够的信任和支持，更愿意和他做生意。

人都有利己思想，小本经营者在创业初期想尽快赚钱，尽可能为自己争取更多收益，这是正常的。但我们需要明白“将欲取之，必先予之”的道理，若只想着自己赚钱而不顾客户利益，生意必然不能持久，最多是小富而已。相反，把眼光放得远一些，不吝啬对客户让利，力求做到共享利益，才能真正实现财富梦想。

## 构建合作机制，而非对抗机制

比尔·盖茨说过：“小成功靠个人，大成功靠合作。”数学上一加一等于二，然而在合作这个问题上，一加一的结果远远大于二。小本经营规模小、资金有限，特别需要和客户达成合作，争取利用有效的资源，实现最大的发展。

然而，很多小本经营者不愿意和人合作，认为凭借自己的努力也可实现利益的最大化。殊不知，这种想法非常危险，人的能力是有限的，你习惯了独来独往，不喜欢和人合作，很可能寸步难行，更别说有什么大成就。

不妨看看下面这个故事：

三个人租住在一套房里，一个人是鞋匠，一个人是裁缝，还有一个是理发师。鞋匠的鞋子是三个人中最好的，衣服却最普通，还有些破破烂烂，头发也很久没有打理；裁缝的衣服是三个人中最好的，但是鞋子已经破旧，头发蓬乱不已；理发师没有好的衣服和鞋子，但头发是三个人中最干净整洁的。

三个人打算外出找工作，但必须准备干净整洁的衣服和鞋子，打理好头发。做好每件事情都需要一元钱，可他们每个人身上只有一元钱。不能把自己收拾干净，就没办法出门找工作；把自己收拾干净，手里的钱又不够，怎么办呢？

经过一番思考，鞋匠提出三个人互相合作：鞋匠帮裁缝和理发师打理鞋子，裁缝帮鞋匠和理发师整理衣服，理发师帮鞋匠和裁缝理发。就这样，三个人的衣服穿戴整齐了，鞋子干净平整了，头发整洁清新了。最后，三人都能外出找工作，每人还有一块钱，没多也没少。

这个故事告诉我们：合作非常必要，不仅可以解决自己的困难，还可以让大家一起发展壮大。三个臭皮匠联合起来都可以顶得上一个智谋无双的诸葛亮，绝大部分小本经营者是聪明的，合作的力量岂不是更大？合作中，小本经营者间的资源得到共享，双方都可以发展强大，获得更多的收益。若对方是大型公司，还可以通过合作模式增强小本经营者的实力，或得到大公司的有效保护，借力而行。

当然，构建合作机制，并非只限于与竞争者，还应该包括客户。小本经营者和客户是合作关系，而非对抗关系，彼此不是你输我赢的较量。在博弈论中，人们时常提到一个概念：零和游戏。简单来说，在一个游戏中，参与双方有输有赢，你赢了对方就输，你输了对方就赢，游戏的总成绩永远为零。然而，做生意不是这样，没必要非弄得你输我赢或你赢我输，它完全可以实现双赢。

我们和客户不再对抗，而是寻求双赢的合作模式，共同发展和前进，争取利益的最大化，岂不是更好？印度尼西亚的华人银行家李文正深谙这个道理，他经常把这句话挂在嘴边：“如果双方是为了利益而争斗不休，那么生意就不会稳定，即使双方需要谈判，最好的结果也不是一定要分出胜负，而是双方皆大欢喜。”他懂得合作更重要，所以和众多客户建立了有效的合作机制，最终将自己的银行发展成为印度尼西亚第一大私营银行。

小本经营者和客户建立合作关系，博弈中有合作，合作中有博弈，实现利益共享才能满足共同发展的需求。你照顾了客户的利益，不让客户吃亏，实际上也是照顾了自己的利益。若是你想一个人独吞蛋糕，客户肯定不会对你手下留情。

中国香港富豪李兆基非常重视建立合作机制，还时常把“对长期合作伙伴，一定要让彼此皆大欢喜”这样的话挂在嘴边。一天，建筑部经理向李兆基提及，承接恒基集团一项工程的承包商要求补发一笔酬金，遭到自己的拒绝。李兆基好奇地问：“那个承包商为什么会出尔反尔呢？这里面一定有其他原因吧？”

建筑部经理说：“是的，那个承包商说自己当初落标时计算错了数，直到现在才发觉自己亏了很大一笔钱。”本来做生意就应该按合同办事，李兆基完全没必要理会那个承包商的要求，但是他却说：“现在生意不好做，人人都想赚钱，他却因为疏忽而亏了本。这真是太可怜了。法律不外乎人情，所有承包商都是我们的长期合作伙伴，既然这个项目我们有钱赚，那就把那笔钱补给他吧。”

虽然错在那个承包商，但是李兆基为了长期合作宁愿自己少赚一些也让对方满意。这样的合作意识，真的令人称赞。正因如此，很多承包商更愿意和李兆基合作，确保工程品质和施工进度，也给李兆基的公司带来了更长远的发展。

合作往往比对抗更有效。在追求利益的社会，谁都想获得更多的收益，但是独自获利绝不是好的策略，对抗也不是一种正确的思维。小本经营者更应重视双赢，处理好与合作伙伴的关系，想办法达成“你好，我也好”的局面。

当然，也应该有清醒的认识，建立合作机制不是不竞争或不争取自己的利益，双赢不代表退让或一味地讲究和气。在生意场上，一味地追求合作，却不愿意和客户争取自己应得的收益，合作就失去了真正的意义。

总之，小本经营者要注重建立合作机制，同时又不毫无原则地退让，如此才能实现真正的皆大欢喜。

## 让客户成为你的“粉丝”

聪明的小本经营者不仅能够锁住更多的流动客户，还能够将客户变成粉丝。把客户变成粉丝，这很难吗？确实有些困难，但也并不困难。只要小本经营者真心为客户着想，为他们提供最佳的产品和最优质的服务，一定会赢得信任和青睐，让其不断回头。

客户成为粉丝后，对于经营者的好处非常大。一方面，客户的信任度和黏性大大提升，之后的光顾大多是感性的。你的商品和竞争对手相同，依旧是他的消费对象，很难因为其他店铺打折或宣传就轻易失去。另一方面，每个客户都有交际圈子，大部分人也喜欢把自己喜欢的、认为好的商品分享给圈子里的朋友、亲戚、同事。这样一来，客户就成为你忠实的免费推销员，无形中帮你扩大推销渠道。

一位女士成立了一家搬家公司，在很多人看来，这个行业并不好做，赢利不高，很费体力，且无法锁住客户，让其成为回头客。然而，这位女士却不这样认为，她始终从客户角度出发，旨在为客户提供周到的服务。她还扩大服务的深度与广度，不仅为客户提行李、搬家具，还免费提供除虫、清洁等服务。搬运过程中，她要求员工必须细心、周到，绝不损坏客户的家具。因此，这位女士的搬家公司很快获得客户的信任，使得很多人成为回头客。

俗话说得好：“投之以桃，报之以李。”你全心为客户服务，不断为客户提供惊喜，客户肯定会回报以信任和支持，成为你最忠实的粉丝。在这种良性关系中，小本经营会越来越红火，规模也会不断发展和扩大。

当客户成为你的粉丝，他们的忠诚度、信任度大大提升，不仅自己会多次光顾，还会心甘情愿地做你的宣传员和推销员，为你招揽更多的新客户。

有些小本经营者认为，让客户介绍新客户，那是不可能的事情。其实，这是他们没有意识到客户的真正价值。沃尔玛创始人山姆说过：“事实上，顾客能够解雇我们公司的每一个人。他们只需到其他地方去花钱，就可以做到这一点。衡量我们成功与否的重要标准就是看我们让顾客——‘我们的老板’满意的程度。让我们都来支持盛情服务的方式，每天都让我们的顾客百分之百地满意而归。”

秋燕开了一家母婴店，生意刚刚起步，想要赢得客户的信任和支持不是容易的事情。她知道卖母婴产品最重要的就是品质和安全，所以严把这两关，想办法为客户提供价格最合理、品质最优良的产品。

接下来，秋燕开始铺设销售网，希望以热情周到的服务赢得更多客户的信任。每当客户上门，她都耐心地嘘寒问暖，询问客户的真正需求，然后推荐最合适的奶粉、辅食、衣物等。对于新客户，她总是礼貌热情地打招呼，还为带小朋友的客户提供水果、小玩具。对于老客户，她实行积分打折优惠的方式，让客户感受到切实的实惠。

秋燕很善于聊天，每次新老客户光顾，她都会与她们拉拉家常，谈谈孩子养育的禁忌、自己的一些经验。这样一来，秋燕母婴店的客户越来越多，绝大部分成为回头客。因为信任秋燕，她们还时常把产品和店铺介绍给亲戚、朋友，无形中成为秋燕的免费推销员。

针对粉丝介绍新客户的情况，秋燕采取有效的优惠销售策略。比如，老客户可以得到100元的优惠卡，新客户可以享受八折的优惠价等。这些措施都增加了客户的黏性，把客户变成忠实粉丝的概率大大提升。后来，秋燕还建立了一个微信群，把那些忠实的粉丝拉进来，时常做一些特别优惠的特价、秒杀活动，还时不时发一些活动红包。就这样，短短3年时间，秋燕建立了庞大的客户粉丝群，生意越来越红火。

用产品品质、服务和销售策略把客户变成粉丝，建立起牢固、庞大的销售网，这就是秋燕的高明之处。小本经营最害怕的是客户流失。你的店铺或公司搞促销，或是打折优惠，或是送礼品，这或许可以招揽客户，却留不住客户。这一刻客户来了，下一秒就可能被竞争者抢走。你的店铺或公司今年销售情况良好，效益不错，明年就可能门可罗雀。所以，把新客户转变为老客户，把老客户转变为忠实粉丝甚至免费推销员，才是小本经营的关键。

所以，急功近利要不得，只有把客户培养和维护好，才能让自己的生意更红火。企业经营中，很多小本经营者懂得这一原则，也有些人步入一些误区，认为所谓的推销技巧最重要，要靠不断地打折、搞活动抓住客户；认为抓住更多的新客户才是硬道理，不注重关心和守住老客户，结果把生意做成一锤子买卖，流失了老客户，还没有抓到新客户。

换句话说，想要做好生意，小本经营者应该从产品品质、细微服务着手，与客户建立良好的信任关系。当你的客户粉丝数据库建立起来并且越来越庞大，你就可以在市场竞争中立于不败之地。

## 和客户做朋友，生意才会做得好

小本经营者都知道客户的重要性，于是积极扩展客户，想办法抓住每个有意向的客户，生怕一不小心就失去大好机会。这本情有可原，也是小本经营者赚钱的关键。然而，如果不懂得为客户着想，只想着让客户掏钱，那就太功利化了。这样的做法其实很难做成生意，还会让客户避而不及甚至心生厌恶。

或许一些小本经营者说：“生意就是生意，原本就是赤裸裸的利益交换，为什么不能功利化呢？”可中国人是最讲人情的，生活中讲人情，职场上讲人情，商场上也讲人情。我们不能因为人情而枉顾个人利益，更不能只顾个人利益想着把客户的钱掏出来，而丝毫没有人情味。

小齐是某食品的代销商，做生意的资金是父亲、亲戚凑出来的，所以他急于寻找客户和赚钱。就是因为他赚钱心切，一门心思地盯着客户的钱包，忽视了先与客户建立感情和赢得客户的喜欢、信任，最后一败涂地。

一次，小齐拜访一位中年客户，热情地介绍产品的特点和优势，客户对小齐的介绍和产品都很满意，准备签订意向协议。这时，客户接了一个电话，挂断后就兴致勃勃地说："我刚接到一个好消息，我女儿接到了清华大学的录取书，你都不知道我们家从来没出过大学生。我从小就家境贫困，没有机会上大学，这一直是我心中最大的遗憾。虽然我现在有所成就了，但还是对此耿耿于怀……"客户异常高兴，情绪高昂地谈论着自己的遗憾，可小齐只是敷衍地应和着，还催着客户快点签约。

客户继续说："我女儿真的很优秀，她从小就说自己的理想是考入清华大学，然后成为一名建筑设计师……我真的以她为荣。"小齐依旧应和着，还试图打断客户的话。几次三番后，客户放下手里的合约，只是说句"再考虑一下"，然后就让秘书送客了。小齐感到很困惑，不明白客户已经决定要签约了，为什么最后却当场变卦。

还有一次，小齐到一位客户的公司拜访，向客户推荐自己的产品。原本客户和小齐谈得很好，对产品也有购买意向，然而意外又发生了，客户突然得到消息，说某员工突然晕倒，需要马上送往医院。客户立即丢下小齐，拿起车钥匙就往外跑。小齐一看这种情况，急忙问："那您看我们下次约什么时间？"

客户生气地回头说："员工晕倒了，我着急把他送往医院，没工夫和你约什么时间！"说完就气冲冲地走了。之后，据说这位客户事后声称这辈子都不会买小齐的任何东西，还给朋友打了电话，让他们不许和小齐合作。

就这样，小齐创业一年时间，客户寥寥无几，最后不得不关门。

说到底，小齐之所以如此，就是因为太功利化、太没有人情味了。想着拿下客户和赚钱，这没错，但他完全忽视了与客户之间关系的维护。客户和他分享自己的喜悦，他只是敷衍，还一度打断客户；客户公司发生意外，焦急地处理事情，他却只顾着约时间再推销。他只讲生意、利益，只关心自己，根本不在乎客户的情感，又怎能赢得客户的心呢？

很多成功者说做生意就是做人情，和客户打交道就是和客户谈感情。你不打动客户的心，就别想打开他们的钱包。所以，小本经营者不能太功利化，更不能唯利是图，而是应该学会和客户培养感情，尝试着和客户做朋友，用真心和真诚打动客户。

吴飞开了一家酒馆，每次有客人光临，他都会主动聊天，询问最近工作怎样，家人身体好不好。遇到有客人一个人喝闷酒，他会主动关心和安慰。若是客人想倾诉，他便静静地倾听；若是客人不想倾诉，他则安静地离开，然后再送客人一杯酒。

吴飞为客人建立了一个档案，上面记载着他们的喜好、酒量、个人基本信息。当客户下次来时，他会准确地拿出客人喜欢的酒或饮料，还会找一些客人喜欢的话题来聊。客人若是来这里过生日，他会送出果盘或饮料，还会给一个很低的折扣。

他总是像对待老朋友一样对待客人，真诚、用心、周到，所以赢得了很多客人的信任。一位客人和朋友闲聊时抱怨说现在装修很容易遇到“坑”，自己的婚房3个月了还没装修好，因为遇到一些建材方面的问题不知如何解决。听了这话，吴飞想到做建材生意的铁哥儿们，便顺手帮了这位客户的忙……

时间长了，吴飞的酒吧成为很多人聚会的好地方，很多客人和吴飞成为朋友，有时即便不喝酒也来这里坐坐。吴飞的生意也越做越火。

小本经营者和客户之间的确是利益关系，一个想赚钱，一个想买到好产品或服务，但这不意味着两者只存在冷冰冰的利益关系。不妨换个角度想一想：你是客户，一个商家只想着卖东西，忽视你的一切需求和感受；一个商家愿意和你做朋友，对你真诚、热情，关心你的开心和不开心，甚至还会出手帮你，会愿意信任和支持哪一个？结果不言而喻。

所以，小本经营者想要做好生意，让客户信得过，就应投入情感，和客户做朋友，而不是只想着赚钱。当然，这种感情投资应该是真诚的、真心的，而不是虚情假意。没有人会分不清你是真情实意还是虚情假意。若是你不真诚，只能是偷鸡不成反蚀把米。

# 第七章 防范“小本经营专属陷阱”

不管什么时候，做生意都是有风险的，很多小本经营者可能会落入好高骛远、眼高手低、冒进、安而忘危等陷阱。正因如此，我们需要清醒的头脑和敏锐的洞察力，力求防患于未然。

## 一号陷阱：好高骛远

谈到创业，你是不是一门心思找能赚大钱的大项目，发现一个项目还不错，若是投资的话肯定会有回报，可是回报太小，于是就干脆不干了？或是发现生意太小，觉得没有做的必要，于是就不屑去做了？若是这样，你就落入了好高骛远的陷阱。

类似的小本经营者并不少见，他们认为起点很重要，投资大项目、大生意成功的概率很高，一些蝇头小利的买卖根本不能赚大钱。这样的思想是错误的，也是要不得的。对于一心想要创造财富却又资金不够的小本经营者来说，生意的大小、利润的厚薄都不是关键的，关键是你缺乏正确的心态和思维。

李华是个普通的青年，大学毕业后曾在一家企业做销售员，业绩非常不错，也积累了一些资源和经验。几年后，他萌生了创业的想法，于是开始寻找合适的项目。可是投资什么项目赚钱呢？这让李华陷入沉思。正在这时，一位高中同学准备做一个关于纸盒的项目，为一家礼品公司提供纸盒包装，希望能和李华合作。

李华却不以为然，认为小小的纸盒才赚几分钱，根本不算好项目，便想也没想就拒绝了。很快，这位高中同学找到其他合作伙伴，因为熟悉纸盒业务，把注意力集中在礼品工厂上，生意做得很顺利。后来，这位高中同学还发现了新的商机——与出版装订工厂合作，提供整套书籍的包装。虽然纸盒生意小，利润非常微薄，但这是一个很大的市场缺口，生意很快步入正轨。经过几年经营，这位高中同学和很多礼品公司、出版单位达成良好的合作关系，赚取了不菲的收入。

再回头看看李华，不是认为这个生意小，就是嫌弃那个项目利润低，虽然尝试过一两个大项目，却都以失败告终。看着高中同学越来越顺风顺水，他的肠子都悔青了：若是当年抓住这个机会，原本属于自己的财富就不会拱手让人。

许多小本经营者不屑于做小生意，总觉得不赚钱、项目太小，主动把机会放弃了。然而，“泰山不却微尘，积小垒成高大”，看不起小项目、小生意，就别想做成大生意。

在如今这个机会满满的时代，小本经营者没必要只盯着大项目、大机会，而应该根据实际情况发现并做一些小项目、小生意。因为那些看似“利小”“琐碎”的小生意往往蕴藏着巨大的财富，可以让我们抱到大大的“金娃娃”。更何况很多成功的经营者在起步时都不是做大项目、赚大钱的，甚至自始至终做的都是小生意，却凭借不同常人的思维和扎扎实实的努力收获了财富。

糖葫芦是生活中最常见的食品，卖糖葫芦在很多人眼里不过是微不足道的小买卖罢了。然而，一位女士却借着这个小买卖做成大生意，稳稳地获得足够多的财富。这位女士本是一名纺织女工，偶然的机会路过一片山楂林，发现一位老大爷正在砍伐山楂树。原来，当时卖山楂不赚钱，老大爷的山楂卖不出去，只能忍痛砍掉这些树木。她出于同情心把所有山楂都买了下来，可这么多山楂究竟该怎么处理呢?

思考一番，她灵机一动：为什么不把山楂做成糖葫芦？这一生意投资小、风险小，还能尽快解决那些堆积的山楂。有人讽刺这位女士做小小的糖葫芦生意只能瞎忙碌，赚不到大钱。可是她坚定地去做了。为了制作出高级、与众不同的糖葫芦，她特意向一位当地有名的师傅学习如何掌握熬糖的火候，最后终于做出不粘牙的冰糖葫芦。

这一年冬天，她办起了糖葫芦厂，生产出第一批无籽夹心带包装的冰糖葫芦，然后准备进驻当地的各大商场。为了杀进市场，她特意策划了一场别开生面的推广活动——定制6000只气球，在商场门口租一个展位招揽来来往往的客人。当时，这种推广活动还比较新颖，很快就吸引了很多人围观。虽然她的糖葫芦比普通糖葫芦贵了一倍，但是7000串很快就销售一空。第二天，她乘胜追击，继续开展推广活动，生意依旧非常火爆。这样的活动持续了7天，这家商场的经理主动提出邀约，邀请她进驻商场。

随着生意的火爆，她不断研发新口味，开拓新市场。仅仅一年时间，她的冰糖葫芦就畅销几个城市，年销量达到100万支。为了扩大销量和市场，她还积极建立经销网络，在全国20多个城市招揽了代理商……

聪明的创业者从来不会拒绝小生意和小项目，因为他们知道这个时代根本没有什么小生意，即便利润再少、生意再小，若是积少成多也能成就一大笔财富。也许小生意开始赚的是小钱，但当你快速占领市场和扩大影响力，拓展生意规模、提升利润自然不在话下。

商场上没有真正的小生意，也没有永远的大生意，倘若你能像那位女士一样从别人嫌弃的小生意中发现大商机，即便是一块钱、一分钱也能积少成多，即便是小纽扣、小纸盒、小针线也可以收获大财富。所以，美国富翁吉列说：“我做的是小生意，但却赚了大钱，这是为什么呢？因为我懂得把小生意做大的诀窍。”

更进一步说，虽然说有大格局才能有大成就，可是大格局若是不能软着陆，就很容易变成好高骛远甚至是空想、做白日梦。空有做大生意的梦，一心想要寻找大项目，而忽视脚踏实地和积累，纵然你格局再大、眼光再高，也会竹篮子打水一场空。

所以，看到市场空缺或是机遇，不要忽视小生意的发展潜力，不要嫌弃它只能赚得小钱小利。踏踏实实地做好，然后利用自己的大格局、大志向谋求长远发展，你的小生意肯定会带来大机遇，成就你的大财富。

## 二号陷阱：眼高手低

知己知彼，百战不殆。想要生意成功，小本经营者除了了解营销、经营等知识，还应该全面地了解认识自我，剖析自己，找到适合自己且有前景的投资项目。然而，有些小本经营者最容易陷入眼高手低的陷阱，认为自己有经商的天赋和赚钱的头脑，只要抓住一个好机会就可以大展才能。结果，他们的目标是正确的，方法也没太大问题，就是实力明显跟不上，最终只能以失败告终。

任何人都需要有自知之明，清楚自己有多大本事、能做多大事。就好像你只是一个小设计师，偏偏想要设计豪华别墅、五星级酒店，认为自己在这一领域无所不能，最后等着你的只有出尽洋相、彻底失败而已。

生活中，很多小本经营者失败了，关键因素就是眼高手低。

小魏是学服装设计的，理想是创立自己的服装品牌，让广大年轻人穿上自己设计的服装。一开始，她兼职为一些不知名的网店设计服装，后来被几家小有名气的品牌看中。因为她的设计理念新潮，产品销售情况也很不错，那些网店都愿意和她合作。正因如此，她的自信心更强烈了，认为自己应该打造品牌，不再为他人做嫁衣。

说干就干，小魏向银行抵押房子贷款了几十万，又找亲戚朋友借了几十万，找了一家服装代加工厂，开始了创立服装品牌之旅。若是她能一步步地来，借着网销和直播的风潮，创业前景或许会很不错。显然，小魏的自我膨胀心理发挥了作用，认为自己可以一步成功，创造出新的时尚潮流。为了扩大知名度和快速打开市场，她在网络上大肆做宣传、打广告，还邀请一些带货达人一起做直播，举办了几场线下的推广活动。

表面上看，小魏的目标是正确的，方法也是正确的，但是她的步子迈得太大了。作为一个小本创业者，她低估了创业的难度，高估了自己的实力。虽然她的设计不错，可客户更看重品牌的价值。在资金少的情况下，她邀请的带货达人报酬几乎是天价，支出过于庞大。线下活动因为没有章法，没有客户基础，最后只是浪费了时间和金钱，也注定不会成功。

有欲望和追求是值得肯定的，然而任何人都不能眼高手低甚至不自量力。不管做什么项目都不是只凭借一股子热忱和激情，更不是凭借所谓的理想和抱负，不清楚自己有多大本事，不但无法让自己成功，反而因为不切实际而失败。

为什么现在容易陷入眼高手低陷阱的小本经营者越来越多？从本质上说，就是因为这些人太急功近利了，急于成功、赚大钱，总是幻想自己能一夜成为第二个马云。他们总觉得自己有无限的才华和天赋，只要有机会便可一飞冲天。实际上，这个世界哪有那么多天才。

小本经营者要把目标放得远一些、高一些，但行动上却不能眼高手低、好大喜功，总幻想着成为巨人，而是应该正确认识自己的实力，一步一个脚印地去努力和经营。

在美国和加拿大，里治曼家族的名字可谓家喻户晓，它是拥有超过百亿美元资产的庞大家族，各个城市大街小巷的招牌和广告牌上都会出现这个家族的名字。只要人们看着这个名字，自然会联想到“里治曼地产王国”。这样一个显赫家族也是一步步积累而成就庞大财富的。

森姆·里治曼一开始过着艰苦的生活，用仅有的几十法郎做起了小生意，在街边摆卖香烟、糖果之类的小商品。经过几年的辛苦经营，他终于租下一个小铺子卖小商品，一个人进货、卖货、搬货。后来，长子阿尔拨·里治曼、次子保罗·里治曼、三子拉富·里治曼成为他的助手，森姆才算轻松一些，生意也有一些起色。后来，经过反复考虑，他决定派三子拉富前往加拿大创业，在那里成立一间瓷砖公司，从事瓷砖的买卖。

再后来，因为第二次世界大战后加拿大经济复苏，建筑业兴盛，他们的瓷砖生意非常不错。于是，森姆决定举家迁到加拿大，一起和三子拉富经营瓷砖公司。在之后的两三年，他们的瓷砖生意稳步发展，并且与建筑行业建立了密切的关系。经过仔细考察，他们决定利用买卖瓷砖业务作为跳板，逐步进入地产行业。同时，他开始扩大公司的经营范围，从瓷砖买卖扩大到建筑材料、装修材料，为进军地产行业做好充分的准备。

有了充分的准备，里治曼父子也没有急于求成，而是决定做试验式经营，先是建造仓库再探索如何经营地产业务。就这样，里治曼家族根据市场趋势和自身实力一步步地扩展事业，循序渐进，终于成就了庞大的地产王国。

没有自信，做事犹犹豫豫，这是创业和经营失败的重要因素。但是走入另一个极端：盲目自信甚至眼高于顶，忽略对自己实力的真实考量，忽视所有伟大的目标都必须循序渐进地进行，同样会导致失败。

因此，对小本经营者来说，盲目自大和眼高手低是要不得的。无论做什么生意，在创业和经营的过程中都必须充分了解市场、经营领域、企业实际情况，明确知晓自己能做什么不能做什么，有多大才华和能力。只有如此，才能让自己一步步走上正轨，实现自己的目标和理想。

## 三号陷阱：曲高和寡

我们时常听到这样一句话："敢做第一个吃螃蟹的人，才能收获最大的利益。"的确，具有前瞻性，敢于尝试前所未有的模式，才能做出一番大事业。然而，任何事情都有其对立面，你的思维太超前，忽视消费群体能否接受和跟上，就容易被视为"超越者"，然后被抛弃。

对小本经营来说，准确的市场定位是一把利剑，有利于迅速打开市场局面，保障项目更好地发展。然而，若是小本经营者没有对市场考察，一味追求高定位、冷门、未来前景，很可能让自己陷入曲高和寡、无人理解的陷阱。

马云是中国第一批接触互联网的人，凭借敏锐的前瞻性的眼光创建了阿里巴巴，成为互联网的领军人物。可很少有人知道，他并非入行最早的人。早在马云刚知晓什么是互联网时，张树新就创立了中国第一家互联网公司瀛海威。在那个人们还不知道什么是互联网的时代，张树新就设计了一个五脏俱全的互联网世界，把"邮局""论坛""咖啡厅""游戏城"等多种服务包括进来，试图让中国的年轻人尽快了解和进入这一美好的世界。她还做了一个名为“新闻夜总汇”的项目，让人们可以在网络上浏览全国乃至世界各地的新闻，并试图发展网上购物，且发行了虚拟货币——信用点。

然而，张树新失败了，一手打造的“互联网世界”短时间内轰然倒塌。这究竟是为什么呢？很简单，她的思想太超前了，“曲调”太高了，以至于没人能懂她，没有消费者能“附和”得起来。张树新创造的是一个完美的互联网世界，定位的消费群体却是普通老百姓。在那个时代，电脑和网络都没有普及，绝大部分人根本不知道互联网是什么、有什么作用，试问企业如何发展得起来呢？

正如张树新自己所说的，瀛海威之所以失败，大概就是因为它太“新”了。所以，小本经营者可以有远大的梦想、前瞻性的眼光，但绝不能忽略市场的普遍性和项目的可行性，一定要避免一味追求“高大上”，看到高端、小众的行业就盲目投资。你的想法很“高大上”，格调很高级，但是“和者”很少，成功概率几乎等于零。简单来说，一个项目或行业不接地气，脱离了群众基础，失败就在所难免。

拿餐饮业经营来说，为什么众多小本经营者偏爱火锅，且只要味道好、有特色便可以生意火爆。关键原因就在于火锅的群众基础好，不管大江南北，食客对于火锅的热情始终未曾减少。

同样，包子是普通人最喜欢吃的食物，大街小巷上卖包子的店铺也数不胜数，大多物美价廉。不过在江苏靖江一带流传着一种特色的蟹黄包，这种包子皮薄，汤馅汁多，制作非常讲究，馅料为蟹黄和蟹肉，汤汁为原味鸡汤。因为制作工艺精妙，包子味美料足，一笼 6 个竟要八九十元钱甚至一百五六十元。若是现在，这个价格并不算太贵，然而在 20 年前可算是天价，一般人根本吃不起。

一位年轻人到靖江出差，偶然品尝到如此美味的包子，赞不绝口。当他知道一笼蟹黄汤包最多只要25~30元的成本，却可以卖到上百元时就开始蠢蠢欲动。他心里盘算着：这个项目的利润太大了，若能在自己的城市开一家蟹黄包店，用不了多长时间就可以赚大钱。年轻人想到就做到，他找到一家老店学手艺，不到3个月就在所在城市开了一家蟹黄包店，标出60元一笼的价格。小店一开始确实吸引很多人，因为当地人很少吃过蟹黄包，然而当看到高昂的价格后绝大部分人当场就离开了。是啊，人们不明白小小一个包子为什么要卖这么贵？就算再好吃，它不还是一个包子吗？

结果不到3个月，年轻人的蟹黄包店就倒闭了。

这个年轻人为什么会失败？原因就是没有找准市场定位。蟹黄包确实讲究、美味，当地人知晓其独特性自然不觉得价格贵，但是在绝大部分人看来，这个价格的确贵得有些离谱。要知道，包子这种食物之所以备受欢迎，就是因为味美价廉，而且其受众就是普通老百姓，尤其在20年前，绝大部分人奉行艰苦朴素的作风，谁又舍得花费10倍的价格买包子呢？

所以，小本经营者想要赚到钱就应找准产品的市场定位，切勿陷入曲高和寡的陷阱。现在，有些人爱面子，喜欢追求品质和高端以衬托身份，或是满足虚荣心。但是更多人的消费观念是理智的，一般无法接受太昂贵、太高端的东西。因此，若是你的产品定位太高，注定会失去绝大部分消费群体，很可能陷入“有价无市”的尴尬境地。

更何况你的资金有限，追求“高大上”的话，投资风险无疑就增大了。一旦失败，就可能落入深渊而无法自拔。

总之，小本经营者创业时一定要考虑消费群体的特点，拒绝把自己的“曲调”定得太高。只有考虑自己的实力，把市场产品共性作为参考，再加上产品或服务的特色，就不愁生意不兴旺。

## 四号陷阱：不识高低

聪明的猎人猎杀狮子时会提前放生一只受伤的鹿，引出狮子出来捕猎，然后在隐蔽处射击。放出鹿这个举动，从某种意义上说就是一种试探，试探狮子的深浅。因为聪明的猎人知道，如果自己莽撞地闯入森林，不仅无法猎杀狮子，还可能被潜藏的狮子“反杀”。

对小本经营者来说，不管是创业还是投资都应遵守这个原则，因为市场看似机会多多，其实背后暗流涌动。如果不事先细致考察市场，试探行业的深浅、项目的高低，单单凭借一股子热情就投资，很可能让自己陷入不识高低的陷阱，不仅无法赚到钱，还会被汹涌的暗流冲走。

年轻人方为想要创业，平时总是留意着可投资的项目。一天，他在一本杂志上看到一则养殖海狸鼠的广告。广告中说，这个项目很有前景，且投资者不用担心技术和销售问题，因为厂家提供专业的技术支持，还会和投资者签订回收协议。投资小，风险小，收益高，方为觉得这是个好项目，非常适合自己这样没经验的小本创业者。于是，他马上行动起来，根据广告刊登的电话找到销售公司，询问了一些基本情况后就买下几十只小海狸鼠，兴致勃勃地养殖起来。

经过一年的养殖，小海狸鼠顺利地长大，按照回收协议可以销售了。然而，当方为兴冲冲地再打那个公司的电话时，发现已经是空号。方为很着急，立即按照协议上的地址找过去，可那个地方根本没有养殖场，据说半年前养殖场就拆掉了。此时，方为只能空捏着回收协议，毫无办法。然而，好不容易养大的海狸鼠，难道就这样砸在手里吗？为了减少损失，方为只能自己找销售渠道，这时他才发现市场上根本没有收购海狸鼠的企业。

方为的投资失败了，浪费了大量时间和精力，还让自己背上不少债务。说到底，特种养殖是个不错的项目，有发展前景，也有较高的回报。但是方为陷入一个投资陷阱：没有仔细考察市场，甚至没有考察那家公司的实力以及广告内容的真假，仅凭投资的热情，一拍脑袋就拿钱投资，哪有不失败的道理？

很多小本经营者和方为一样，自己不懂行，也不充分了解行业状况，不仔细考察和研究就冲动投资。人们常说“隔行如隔山”，从投资的角度来说，我们不怕你不懂行，就怕你不识高低，没有事先思考、考察的思维和意识。或许马克·吐温屡投资屡失败的例子可以给大家一个警示。马克·吐温是一位出色的作家，但他绝不是合格的投资者。他一生酷爱投资，把辛苦“码字”的稿费都用来投资，可每次都以失败告终。

马克·吐温投资过一个号称正在研发一款蒸汽机的发明家，这个发明家每两周都会和马克·吐温沟通，事实上那些钱都被他拿去喝酒了。

他还投资过股票，却在最高点买进、最低点卖出。

他还投资过一个朋友正在发明的新的打字机，能大大提升打字效率。然而，这个投资却成为无底洞，他一次次追加，那个朋友却一直说：“只要稍加修改，这款打字机就可以投入市场。”最后，他白白损失了 19 万美元。

他本可以获得一次绝好的投资机会——投资电话之父贝尔，然而却拒绝了，错过了这个让自己发大财的机会。

可以说，马克·吐温的投资没有一次是对的，原因是他不懂行，却不考察、不研究，仅凭头脑发热就做出决定，以至于让自己成为“笑话”。

换句话说，投资不是下赌注，不能只靠运气。拿出钱投资前，小本经营者千万不能一拍脑袋就决定，而是应该仔细考察、研究和准备，切实掌握所投资项目的发展前景、市场状态、合作公司的背景和实力等。这好像投石问路，用心考察项目和市场，做到懂行才能识高低、懂深浅，做到有的放矢，进而让自己投资的项目保值增值。

还是上面例子的年轻人方为，经过一次失败后他总结了经验教训，之后的投资给自己带来了很高的回报。方为认为特种养殖很有前途，只要自己找到合适的项目，客观地评价项目的前景便不会重蹈覆辙。后来，方为看中了种植药材这个项目，因为市场上常年需要一些药材，投资不大，风险也比较小。

查阅专业书籍，调查全市大型中药材商店，他终于决定种植黄芪。黄芪的根具有补气固表、利水退肿、托毒排脓、生肌等功效，药用价值很高，市场需求量较大，同时他的家乡也非常适合种植这种中药材。

不过，方为没有立即行动，而是找到一位远近闻名的药材种植技术员，向他请教种植黄芪的技术和禁忌。经过万全的准备，方为才开始行动，租下 30 亩土地，聘请有经验的技术员，用心地种植起来。黄芪快成熟时，方为积极寻找中药材收购商，还与几家收购商签订了意向协议。这一次，方为获得大丰收，一下就获得十来万的收益。之后，他积极扩大种植规模，和很多药材商签订了长期收购协议。

很多小本经营者容易拍脑袋作决定，或是看到“好项目”就立即投资，或是轻易相信广告。然而，拿钱投资不是简单的事情。我们不可能是每个行业的“门内汉”，也不可能只投资自己熟悉的行业。既然想要投资某一项目或领域，就应该谨慎、理智、敏锐，千万不要误入不识高低的陷阱。哪怕有人把某个项目说得天花乱坠，哪怕这个项目看起来多么有前景，我们都必须用心考察和研究，试探行业的深浅、项目的高低，绝不能贸贸然去试运气。

## 五号陷阱：把冒进当冒险

敢于冒险，是创业者和经营者必须具备的思维品质。小本经营者若是有敏锐的嗅觉和眼光，能看到别人看不到的商机，然后相信自己的判断，敢于冒险，虽然过程可能惊险，可收获必定出人意料。相反，若是担心投资打水漂，或是害怕所谓机会只是陷阱，行动上犹豫迟疑，就会失去大好机会，将属于自己的好项目拱手让人。

正因如此，很多小本经营者开始培养冒险的思维，看到商机敢于大胆行动，不再畏畏缩缩，不敢吃第一口螃蟹。他们一个劲地往头脑中灌输这样的思想：冒险越大，商机就越大；不敢冒险，好的项目和财富机会只能被更大胆的人抢走。

或许一开始这些小本经营者行事是稳重的，可因冒险收获一些利润后，胆子就越发大起来，“魄力”越发高涨。尤其受到高收益、投资少、回报快等美味奶酪的诱惑时，风险意识、谨慎思维全部被抛之脑后，以至于陷入冒进的陷阱。急躁、贸然行事、不顾高风险，这些负面词语几乎成为他的代名词，这不仅无法品尝美味的奶酪，反而让自己掉入深渊。

20 世纪末，麦当劳、肯德基等西式快餐迅速在国内扩张，这让一些思维敏捷、头脑聪明的年轻人看到商机——发展中式快餐。一个年轻人率先行动了，在郑州开了一家中式快餐店，成为敢于大胆冒险的第一人。因为中餐广为消费者接受，经营方式新颖，这家快餐店的生意很快红火起来。

取得初步的成功让这个年轻人异常兴奋。他决定效仿肯德基、麦当劳的经营模式，大力扩张规模，争取两年内在全国各地都开分店。有人说这是冒险的行为，劝他先稳扎稳打，等到实力更强大后再扩张。然而，年轻人却宣称“我要成为中餐里的麦当劳，尽快超过麦当劳”，“机会只属于敢于冒险的人，不冒险，难道财富在那里等着你吗？”

之后，年轻人开始了自己的冒险之旅，筹集大量资金，短短两年内先后在深圳、上海等 20 多个城市开了 50 多家分店。这样的扩张是盲目、冒进的，因为年轻人根本没有足够的资金支撑一系列极速扩张的行为，企业还存在知名度不高、管理问题众多、产品质量无法保证等问题。这导致各地分店经营惨淡，不到一年时间先后关闭。这位年轻人不仅没有创立“中国的麦当劳”，反而欠下巨额债务，后来因为非法集资而锒铛入狱。

借着麦当劳、肯德基的“东风”，发展中式快餐真的是一个绝好的机会。不可否认，这位年轻人的确有眼光、有胆识，只要他能一步步发展，相信未来也非常有可能如他希望的那样让自己的中式快餐成为“中国的麦当劳”。但是，他却把冒进当成冒险，不顾实际情况一味盲目快速地扩张，最后成为冒进的牺牲者。

小本经营者仅有冒险精神远远不够，还需要冷静、稳重、不盲目、不急躁的心态。因为小本经营，对于风险和损失的承受力小，一旦陷入冒进、盲干的陷阱，就会赔个精光。

有这样一个令人震惊的数据：中国企业的平均寿命在7年左右，民营企业的平均寿命只有3年，中关村5000家民营企业生存时间超过5年的不足50%。这些数据清晰地告诉我们：很多小本经营者容易“翻车”，最重要的原因就是陷入冒进的陷阱，很多时候不能分辨什么是有胆识的冒险、什么是盲目的冒进。

那么，究竟如何区分冒险与冒进呢？这里有一个很好的比喻：山洞里藏着很多金砖，洞口有一只猎狗守着，你敢于去拿金砖，这是冒险；但若是一个老虎洞，里面有几只虎视眈眈的老虎，你再去拿金砖，那就是冒进了。

虽说财富是个稀罕物，没有冒险精神很难得到它。但是想要成功，一定要分清冒险和冒进的区别，弄清什么是胆识、什么是蛮干，什么是自信、什么是自我感觉良好。让自己陷入冒进的陷阱，就如同高速公路上失控的汽车一般，轻则发生碰撞，重则车毁人亡。

所以，冒险精神是小本经营者必须拥有的，但是这绝不等于盲目、无理智地冒进。大胆冒险不是盲目、无知的，而是以谨慎周密的判断为基础，比他人抢先得到获取利益的机遇。实际上，很多成功的创业者都是既有冒险精神，又行事稳健、冷静。

小祝既有胆识，也有冒险精神，大学毕业就走上创业的道路。因为之前接触过食品行业，他决定成立一家食品贸易公司。在直播带货还没火爆之前，他就看中了这一领域的发展前景，大胆与某地一些优质果农签订协议。在品质方面，小祝严把质量关，拒绝收购有损伤的水果；在市场方面，则全力发展网络矩阵，在淘宝、抖音、快手以及众多平台进行直播销售。他还把直播间安排在果园、水果包装车间，让广大消费者看到最原生态的东西。

从创业初始，小祝就坚持稳扎稳打的策略，即便生意红火起来，也没有盲目冒进。现在，小祝的食品贸易公司平稳步入良性循环，销售额也稳步持续上升。

可以说，冒险可以给人创造机会，冒进却会给人带来危机。对于小本经营者而言，成功最大的障碍从来不是外界或竞争者，而是自身。只要让自己冷静、理智，自然不会陷入冒进的陷阱。所以，小本经营者要克服对风险的恐惧，大胆发掘别人不敢碰触的商机，做到睿智、稳重、不急不躁。只有这样，才能降低经营中的风险，然后稳操胜券。

## 六号陷阱：安而忘危

《左传》有云：“居安思危，思则有备，有备无患”。几乎每个小本经营者都懂得这个道理，然而很多人只是表面懂得，并没有真正把它刻在脑子里。一开始创业和经营公司，他们谨慎小心、稳重冷静，不管是选项目还是做决策都三思而后行。当公司步入正轨或小有成就后，他们的危机意识便全部抛之脑后。

他们总是说：“我现在有稳定的客源，每月都有丰厚的收益，还有什么可担心的？”“我的技术是行业内领先的，只要慢慢地发展壮大就可以了！”恰恰如此，这些小本经营者陷入盲目乐观、安而忘危的陷阱，很快就会被竞争对手超越或是被市场淘汰。

苏飞很有商业头脑，看准宫廷仿膳的发展前景，毅然辞去公职，开了一家“宫廷菜品”的餐馆。这个秘方是他从一位老厨师那里购买的，这位老厨师祖辈确实在皇宫里做过御厨。餐馆一开张就受到消费者的欢迎，一时间客流量持续上升，几乎每天都排着长长的队。

苏飞享受着创业成功的喜悦，也被财富冲昏了头脑。他认为自己的菜肴味道好，富有特色，必定能在餐饮业占据领先地位。

他不着急开发新菜品，也不愿意采取新的营销策略，只想凭着这“一招鲜”赚大钱，结果没过多长时间便尝到自己种下的苦果。

短短一年时间，市场上出现了多家“宫廷菜品”的餐馆。消费者对于“宫廷菜品”的新鲜劲和好奇心过了之后，他的客流量急剧下降，餐馆销售额进入低谷。再后来，“传统私房菜”“××族风味”等特色餐馆不断出现，快速占领市场，他只能关张大吉。

获得成功固然令人欣喜，但小本经营者想要持续发展，就应有居安思危的意识，对可能出现的竞争者、市场、客户需求变化做出预判和分析，做好万全的准备。苏飞认为餐馆火、菜品受欢迎就意味着成功，但要知道市场形势和消费者需求瞬息万变，今天“宫廷菜品”独此一家，明天就有无数的竞争者、追随者；今天客人喜欢吃“宫廷菜”，明天就喜欢吃西餐、火锅。偏偏苏飞陷入安而忘危的陷阱，最终以惨败告终。

现在是大鱼吃小鱼、快鱼吃慢鱼的时代，谁倒下去都不奇怪。小本经营者只考虑眼前，不考虑未来，只看到成绩，看不到危机，当竞争者出现或是市场突变时轻则手忙脚乱，业绩受损，重则不战自败——快速倒闭或被淘汰。

比尔·盖茨有句名言：微软离破产永远只有 18 个月。就是因为微软有危机意识，能够做到居安思危，慎重决策，全力以赴，所以才能立于不败之地。海尔是中国白色家电第一品牌，其电视、空调、洗衣机等几乎成为每个中国家庭的首选，并且销往全球 160 多个国家和地区。海尔的前身是青岛电冰箱总厂，创立于 1984 年，后来张瑞敏成为厂长，将它领上家电行业的巅峰。那么，张瑞敏是如何管理海尔的呢？这与居安思危四个字分不开。

海尔发展初期，国家正值改革开放，人民生活水平提高，对家电的需求越来越旺盛。面对庞大的市场需求，很多工厂拼命生产，不求质量，只求数量，因为哪怕这些家电是次品，也根本不愁销路。即便如此，当时的海尔也没有实现盈利，甚至连员工工资都发不出来。

这时候，客服部门接到用户投诉，说自己买到的电冰箱有质量问题。张瑞敏非常重视这个问题，对所有库存电冰箱进行排查，发现确实有 76 台存在质量问题。在当时的形势下，加大生产是第一位的，这样才能提高销售量，解决工厂亏损的问题。但是张瑞敏却不这样认为，他认为若是不能保障产品质量，企业很难得到长足发展，还可能很快被消费者抛弃。

于是，他把所有员工召集起来，把 76 台不合格的电冰箱摆在中央，然后开了一个现场会议。他对所有员工说，现在工厂出现危机，自己很想睁一眼闭一眼，但是如果这样做的话，明天可能就会出现 760 台有质量问题的电冰箱，下个月可能会出现 7600 台有问题的电冰箱，这对于企业发展是致命的。所以，他忍痛拿起大锤，把 76 台电冰箱全部砸毁。就是因为张瑞敏有危机意识，把产品质量放在第一位，所以海尔经受住市场的考验。当大部分工厂倒闭时，海尔成为行业的领军者。

在经营中，张瑞敏始终保持居安思危的经营思维，提出了居危思进的思想。在市场竞争日益激烈的情况下，人才成为企业竞争的重要元素。为了海尔的未来发展，他在海尔内部开设大学，对公司员工进行专业化培训。同时，在国内做大做强后，张瑞敏开始制定走向国际市场、进行全球化的战略。他认为企业想要真正做大，就应该迈向国际市场，而要迈向国际市场，就应该实现产品的多元化。在张瑞敏的领导下，海尔始终走在行业前列，成为最先迈向国际市场、实现产品多元化的家电品牌。

事实告诉我们：得到小成绩就满足，肯定不会有大发展；不能居安思危，反而掉以轻心，肯定成为被淘汰的那个。所以，小本经营者要树立危机意识，不仅要居安思危，更要居危思进，避免陷入安而忘危的陷阱。

# 第八章 小本经营实战案例及分析

很多卓越的商业领袖是从小本经营到拥有几十亿甚至更多财富的，这是非常了不起的。他们有着长远的眼光、不凡的品质、独特的思维、顽强的精神……这些都是小本经营者应该学习和借鉴的。用心地阅读这些商界领袖的创业故事，学习他们的思维和精神，相信你迟早会获得属于自己的财富。

## 李书福：从街头照相到汽车大王

李书福有一句名言："少谈点金钱，多谈点精神。"这句话是他成就财富的关键。每个人都梦想获得财富，现实中只有少数人能实现这一梦想。问题出在哪里？其实，不是努力不努力的问题，而是精神的问题。

综观李书福的创业过程，从拿着 120 元买小相机四处给别人照相，到卖冰箱配件、生产冰箱，再到卖装修材料，最后到生产摩托车、生产汽车……李书福白手起家，经历了成功和失败，赚到了第一桶金，也摔过大跟头，恰是他拥有的自信、敢闯、执着等精神，才成就他今天的财富和辉煌。

李书福出生于浙江台州一个贫穷落后的山村，从小家境贫困，但是他骨子里有着一种精神气：不怕苦，敢闯敢拼，梦想着成就大财富。20 世纪 80 年代，人人都想着下海经商，成为人人羡慕的"个体户"。李书福也不甘落于人后，1982 年刚刚 19 岁的他高中毕业后，用父亲给的 120 元钱买了一台小相机，骑着一辆破自行车满大街给人照相。他很勤劳，也很热情，每天都到公园里转悠，见人就问要不要照相。他的照相技术不错，所以生意也不错。

仅仅半年时间，李书福赚了1000多元钱，这在当时可算是一笔巨款。于是，他兴冲冲地租了房子，开起自己的照相馆。

照相的同时，李书福还喜欢鼓捣相机，时常买一些零件自己组装，研究如何把照片洗得更清晰。洗照片的过程中，他发现一种药水有神奇的效果，可以把废弃电器零件中的金银分离出来。于是，他开始进行家庭作坊式生产，因为技术新、变废为宝，收益很不错，赚了不少钱。后来，李书福说："我选的工业项目都是别人做不了的，是从'垃圾'中提取金银。当时我就相信，肯定能在这个方面做出不一样的成绩。"

后来，很多人学会了这个技术，李书福的生意越来越不好做。而且，废旧零部件的成本越来越高，他又开始寻找新的出路。1984年的一天，他到一个小鞋厂定做皮鞋，发现几名工人正在制作冰箱元件。当时，人们的生活水平逐渐提高，对于冰箱的需求急剧上升，但是冰箱的生产量和销售量还很低，出现了供不应求的情况。他决定抓住这个商机，开始生产冰箱零部件。一开始，他还是家庭作坊式的，一个人生产，一个人包装，一个人用自行车把零部件送到冰箱厂。后来，他找到几个兄弟合作办了一家冰箱配件厂，自己出任厂长。当时工厂的效益非常好，年营业额达到四五千万元。

经营工厂的过程中，李书福不断扩大产能，研发和生产新产品，使工厂生产的零配件在市场上供不应求，成为全中国最有竞争力的蒸发器、冷凝器、过滤器研究生产企业。当时，中国几乎所有电冰箱厂的零件，如上海上菱、远东阿里斯顿、安徽美菱等都由他的工厂供货。

这时候，李书福已经不满足只生产配件了，而是决定生产电冰箱。当时，民营经济还没有获得正式承认，电冰箱属于国家统一配售商品，民营企业很难获得有关部门的批准。但李书福还是决定冒险尝试一番。1986年，李书福研发和生产出北极花电冰箱，还为其他电冰箱品牌贴牌生产，产品很快供不应求，到1989年5月销售额已达4000多万元，北极花电冰箱已经成为国内冰箱行业的名牌产品。此时，李书福仅仅26岁。

当然，冒险可以为我们迎来商机，也可能让我们遭遇危机。1989年6月，国家电冰箱实行定点生产，李书福的北极花没有被列入定点生产名单。为此，他不得不结束创业，只身前往深圳上大学。在深圳学习期间，李书福依旧保持高度的商业敏感度，寻求创业的机会。1992年，李书福的宿舍装修，他发现一种进口装修材料的市场前景非常不错，于是再次开始创业，生产和销售这种装修材料。因为他研究生产的装修材料比进口货便宜，很快就占领了市场，并供不应求。之后，他马上扩大规模，生产各种装修材料，还申请了专利。只是当时法治还不健全，他们的研究成果被他人学走了，市场上类似的装修材料如雨后春笋般出现，他只能再次放弃。

不过，装修材料给李书福带来巨大的财富，也为他进军汽车业奠定牢固的基础。20世纪90年代，李书福就预测到国内汽车行业的巨大前景，不过他没有直接进军汽车业，而是先研究生产摩托车，自主研发了四冲程踏板式发动机。当时全国摩托车盛行，需求量非常大，他的摩托车企业也搞得红红火火。不到一年时间，他的摩托车销量占据国内踏板车的龙头地位，产品还出口美国、意大利等32个国家。

1995年，李书福进入汽车行业，成立吉利汽车。吉利公司成为国内第一家生产轿车的民营企业。李书福不断研发生产，专注技术创新，使得吉利汽车快速发展。目前，吉利汽车在国内的销售额达到数百亿，产品出口世界各个国家。对于进军汽车行业，李书福不止一次地说这是把握了最佳时机，“早一年不行，晚一年也不行”。

可以说，李书福的成功关键就在于他的自信、敢闯、执着以及相信自己一定能成就财富的信念。虽然这期间他经历了多次失败，如开冰箱厂、投资房产、投资足球等，但他的这些精神真的值得小本经营者学习。

他说过：“电冰箱开始进入家庭，我再次开启一个新的创业进程……虽然过程十分坎坷，但磨难的经历就是宝贵的财富。”“做事情必须认准一个方向，坚定一个信念，提炼一种精神，凝聚一股力量，完成一个使命，一定要打基础、练内功，千万不能随泡沫飞扬、跟妖风起哄，否则风口过后将会留下一片狼藉的凄惨景象。退潮以后，裸泳者将会很难看，搞得不好有可能回不了家。”

作为小本经营者的你，或许没有太多资金、经验，或许正经历着失败和挫折，这时候不要气馁、自暴自弃，更不要对自己失去信心。记住李书福的话，学习他自信、敢闯、不放弃的精神，你也可以从白手起家到财富满满。

## 刘强东：卖光盘、开餐馆到创立京东

“创新者生，墨守成规者死。”在市场竞争异常激烈的形势下，跟随成功者的脚步或许可以让你成功，但一味墨守成规就只有死亡。小本经营者可以模仿、跟随，但绝不能成为别人的附庸，否则你只能原地踏步，甚至被淹没在巨大的洪流之中。

刘强东谈到自己的创业时说：人不要墨守成规，要坚持野蛮成长。无论是创业初期的选择还是经营、扩大企业时的战略制定，他始终都坚持打破常规，与别人不一样，如此才能从小本经营者成为今天电商界的大佬。

刘强东的家境很普通，小时候家里贫穷，每天三餐靠红薯和玉米生活，但是他骨子里不甘于过贫穷的生活，一心想着上大学，“一定要到北京或者上海”，成就一番事业。之后，他以优异的成绩考入中国人民大学，本想着入仕途，但又改变初衷。他对做生意产生欲望，大学期间就赚取了第一桶金，随后在学校附近开了一家餐馆。不幸的是，这次他失败了，欠下一大笔钱。

为了尽快还清债务，他在一家日资 IT 公司工作了两年，后来揣着 1.2 万元钱来到中关村，租了一个柜台开始卖光盘。大学毕业生卖光盘，这是很多人不能理解的，家人和朋友都认为他不务正业。但是，他却坚持自己的想法和选择。

1998 年，他成立了京东公司，专门代理销售光磁产品，并且学习国美、苏宁的连锁经营模式，短短几年开了 13 个店铺。就在一切步入正轨之时，“非典”突然来袭，北京所有行业被迫歇业，刘强东也不例外。短短不到 1 个月，刘强东就亏损了 800 多万。为了谋求新的发展，刘强东试着在网上发布一个产品销售的帖子，没想到当天就成交 6 笔生意。于是，他开始摸索网上销售模式，实现线上线下相结合。这一尝试让他打开新的出路。于是，他决定关掉所有实体店，专心做线上商城。据说当时他没有上过当当和卓越，而这两个是当时最具影响力的 B2C 电商平台。这恰好说明了刘强东的商业眼光。

京东刚起步阶段，没有一分钱做广告，却实现销售额月增长 10% 的好业绩。而且，京东规模非常小，资金、人员不足，连做账都是请的临时工。后来，他拿到第一笔投资，给京东的发展插上了翅膀。

对于京东，刘强东坚持走不一样的路，以低成本、高效率的原则，甚至时常做赔本买卖。用他的话说：“别人卖内存赚 10 元，我只赚 1 元，甚至要赔钱。”产品进货价每台 2000 元，他卖 1980 元。因为利润低，大部分品牌商不愿意和京东合作，但是他不着急，一心想要扩大市场占有率。只有市场占有率提升了，“我不找他，他也得找我”。所以，尽管资金链紧张，刘强东始终不放弃低价和持续扩张的策略。

刘强东还坚持成立自己的物流公司，用极低的价钱快速地将商品直接从供应商送到客户手里。要知道，当时电商平台有很多，包括淘宝、卓越、亚马逊、当当等，几乎全部依靠第三方物流，这是最节约成本的。刘强东却不这样认为，他认为物流和用户体验息息相关，只有发展自己的物流公司，提高物流服务水准，才能提高客户的体验度，从而提升客户黏性。

于是，刘强东大力发展京东物流，其自营配送已覆盖 130 个城市，72% 的订单实现自主配送。现在，他仍坚持不懈地努力，目标是到 2022 年实现 500~800 个城市的自行配送，超过 95% 的订单实现自主配送。正是因为京东物流的优势，其客户群体越来越庞大，客户满意度越来越高。

现在，刘强东是中国互联网的领军式人物，京东商城是电商行业影响力巨大的平台。刘强东的成功就是因为他的不墨守成规，敢于走不同的道路。刘强东不愿意一味地模仿，始终都尝试着做不一样的东西。现在，京东仍备受争议，因为它没有实现盈利，还一直在扩张和“烧钱”。对此，刘强东说：“大家确实都在烧钱，但钱有两种烧法：一种是烧在市场上，砸广告，烧了就再也回不来了；另一种则像京东一样，把钱烧在仓储、物流、信息系统方面，变成有价值的固定资产。实际上，我们现在只要停止投资，马上就能盈利。但我们选择不停地追加投资，只有这样才能将消费体验做到最好。”

想要成功，确实需要学习和跟随前人，若是太墨守成规，不敢做一些新举动，结果必然不会太好。小本经营者要学习刘强东，尽管与别人不一样意味着充满风险，或许被别人视为另类，或是被大多数抵制，但更多时候等待着我们的是不一样的收获和成功。

不墨守成规需要勇气和尝试，也需要足够的眼光和对未知的预判。所以，小本经营者要有足够的理智，不能过于标新立异。否则是与众不同了，财富和机会也会跑远了。

## 南存辉：从鞋匠到正泰老总

正泰是国内电气行业的巨头。正泰创始人南存辉原本只是一个在街头修皮鞋的穷孩子，但经过 20 多年的打拼成为著名的民营企业家，身家超过亿万美元，连续 3 次登上福布斯中国富豪榜。

南存辉的成功除了抓住大好机会，还依靠三个字：借、联、专，借字是最关键的。他是浙江温州人，父亲是乡里出名的老鞋匠，可家境并不好。他小小年纪就很勤劳、能吃苦，时常挑着米糠、提着鸡蛋到集市上卖。他很聪明，学习非常好，曾三次跳级，是时常被老师夸奖有出息的好学生。

不幸的是，他初中毕业那年，父亲不幸被砸碎脚骨，丧失劳动能力。为此，南存辉只能退学，继承父亲的修鞋生意，挑起全家人生活的重担。当时他只有 13 岁，每天不得不挑着沉重的修鞋箱走街串巷。因为他特别勤劳，修鞋质量好、价格便宜，所以生意比其他人都好。南存辉整整修了 3 年鞋，但这个过程中，他不是只知道埋头苦干，而是爱思考、爱摸索，从中摸到不少门道——他每天宁肯多走几里路，也要按照客流量大小的规律摆摊，所以比别人赚钱多。

20 世纪 80 年代，温州开始兴起创业热，南存辉的心也躁动起来。他找了几个朋友合伙创业，因为手里没钱，所以他便把“借”作为第一要诀。创业资金是借来的，你几十块、他几百块地“借”，投资不算很多，几个人使用一个柜台，但创业总算是开始了。

1984 年，南存辉发现低压电器行业市场前景很大，但仅靠个人力量、小打小闹肯定不行，于是他再次想到“借”。恰好这时候，小学同学胡成中找到他，想和他一起合伙办厂，南存辉便四处筹钱和胡成中办起了工厂。后来，这个工厂解体了，南存辉干脆另起炉灶，并吸收弟弟、妹夫等家族成员入股，成立了温州正泰电器有限公司。

小本创业真的很难。南存辉不仅资金少，还没有技术、设备、工人，可是机会可遇不可求，若是等到全部准备好再行动，机遇就会从身边溜走。所以，他到处找朋友、熟人赊账，把产品组装起来、销售出去再付账。因为他非常讲信用，所以很多朋友、供应商都信任他，愿意“借”给他东西。

他还善于“借”人才、“借”思维，多次专门到上海聘请专业工程师为工人进行指导，借用别人的设备生产自己的产品。就这样，他的工厂慢慢发展起来。之后，就连销售渠道都是他借来的。改革开放后，柳市人奔向全国各地销售温州产品，形成庞大的销售网络。南存辉看到这个销售网络的巨大价值，于是陆续和这些老乡合作，把他们的公司变成自己的销售公司、特约经销处，使自己产品的营销触角延伸到全国各地。

后来，南存辉发现家族企业存在一个致命弱点，那就是不能更多更好地吸纳和利用优秀的外来人才。而对企业的发展壮大来说，人才是最关键的。为此，他突破重重阻力，稀释家族成员的股权，在企业内部推行管理入股、技术入股、经营入股，再次实现“借”人才、“借”智慧。正因如此，正泰不断壮大，目前已拥有数十亿资产，年销售额超过 100 亿元。

虽然南存辉说“借”是逼出来的，但是“借”的思维无论到什么时候都值得小本经营者牢记。很多时候，小本经营者的起点差不多，没有背景、资金、人脉，那些成功者之所以能够快速脱颖而出、做大做强，就因为掌握了“借”的精髓。

大家一定听过马太效应，就是说当你越有钱时，你越容易赚到钱；当你越没钱时，也就越难赚到钱。或者说，当你越有资源时，你越容易获得资源；当你越没有资源时，就越难找到资源。这就是强者越强、弱者越弱的残酷现实。小本经营者应该注意：有“机”不借，过期作废。资金也好，人才也罢，机会也好，贵人也罢，这些不可能永远守候在你身边，善于借、敢于借并且及时借，才能迅速提升自己的竞争力，从而获得更多的机会和可能性。

当然，除了“借”，南存辉还有另外两个秘诀：联和专。所谓“联”，就是联合，做到联合一切能联合的人，实现合作共赢，这和“借”字有着异曲同工之处。南存辉最初和同学联合办工厂，后来和家族成员联合管理企业，再充分利用国家对合资、外资企业的优惠政策，与国外投资企业创办合资公司。他还联合数十家小微企业成立国内低压电器行业首家企业集团，力求把所有资源联合起来。

对于这个“专”字，南存辉也做到了极致。他认为企业想要长远发展，必须求专、求精，为此提出了烧开水理论。他说：“办企业就像烧开水一样，要有定力，当一壶水烧到一半或者快烧开的时候，又想着去烧另一壶开水，结果新烧的水还没开，原本那壶水可能已经冷却了……”“做专才能做精，做精才能做好，做好才能做强，做强才能做大，做大才能做久。”

经营正泰的过程中，他一心在电器行业做精、做大、做强，为企业做减法，砍掉不相关、不熟悉、不赚钱的行业，因此促使正泰品牌的影响力越来越大。所以，小本经营者要学习南存辉的思路，不管选择什么行业都应坚持下去。只要你专心做一个项目，哪怕再小的项目也能做成很大的生意。若是你开着冷饮店，还想着卖面包、炸鸡、薯条，就很难得到发展，甚至根本无法生存下去。

总之，南存辉秉持的“借”“联”“专”，正是他从小小的修鞋匠变为大名鼎鼎的亿万富翁的关键。小本经营者要多学习他的思维，迟早也会加入成功者的行列。

## 曾宪梓：小剪刀裁出的金利来

金利来是一个众所周知的服装品牌，它的创始人曾宪梓是一位传奇人物，仅凭一把剪刀就“裁出”不同凡响的商业王国。

曾宪梓的童年非常艰辛，因为家境贫寒、幼年丧父，只能与妈妈、哥哥相依为命。那个时候，家里穷得无法想象，寒冬刺骨的日子却没有棉衣，想要吃一顿稀饭都很困难。16 岁左右，他因为爱看书被送到学校学习，后来靠着助学金读完大学。因为知道学习机会来之不易，他从不敢懈怠偷懒，比任何人都刻苦努力。

哥哥曾宪概早年跟随伯父到泰国闯荡，后来才知道父亲曾为家人留下两间店铺，却被伯父以看管的名义强占。为了要回父亲留下的遗产，哥哥要求曾宪梓也前往泰国。就这样，1963 年 5 月，曾宪梓和家人一起前往泰国，和哥哥一起经营家产。

曾宪梓很有管理才华，把工厂管理得井井有条，效益大大提升。那些工厂经理担心自身利益受到威胁，便时常在哥哥面前诬蔑曾宪梓。一开始，哥哥对曾宪梓是信任的，可时间一长两人便有了嫌隙。于是，他在泰国侨居 5 年后前往中国香港发展。中国香港是一个好地方，每个做发财梦的人都能找到机会，但也是个残酷的地方，想要白手起家做生意异常艰难。

当时曾宪梓两手空空，无依无靠，处境非常艰难。不过，他拥有一腔热情和想要创业的心。经过一段时间考察，曾宪梓发现在中国香港穿西装、打领带的人不少，但是没有一家生产领带的工厂，市场上销售的都是国外进口的产品。于是，他拿出叔叔资助的资金，在家中办起领带生产工厂。为了节约资金，他只购买了一些简单的设备，然后和妻子两人动手缝制低档的领带。为了维持一家人的生计，他定下每天生产 5 打领带的目标，自己购买材料、设计、剪裁、缝制、熨烫和包装，日夜操劳，不辞辛苦。

就这样，第一批领带生产出来了，也花光了他所有的积蓄。之后，他一个人抱着领带到各家商店去推销，可几乎没人愿意买。因为商店销售的大多是名牌领带，他生产的领带用料差、款式单一、色彩灰暗。他原本认为档次较低的廉价领带更容易进入市场，更受消费者的欢迎，事实证明自己错了。廉价产品并不能换来利润，反而会被消费者抛弃。经过仔细反思，他决定改变战略：生产高档名牌产品。他把第一批领带全部低价卖给街头地摊，然后买下几条进口名牌领带进行研究。

接着，他买了一批高级的法国面料，然后以法国、瑞士的名牌领带为蓝本，加入自己的设计，精心制作了 4 条新领带。为了证明自己的工艺和设计，他把这几条领带和几条国外名牌领带混在一起，特意请来一位领带行家进行鉴定。结果，这位行家一口咬定这些领带都是进口货，还信誓旦旦地说："我对于香港的领带很了解，像这种面料考究、做工精细、款式新颖、质量上乘的领带，只有法国和瑞士才能生产出来。"听了这位行家的话，曾宪梓非常兴奋，信心满满。

领带品质提高了，接下来就是打开销路。这期间，曾宪梓带着那几条领带四处推销，受尽白眼和冷遇，但是他没有放弃。一天，他来到地处旺角的瑞兴百货公司，公司经理虽然对他的领带赞不绝口，但依旧拒绝买它——他担心消费者不愿意买杂牌产品。面对这种情况，曾宪梓想出一个办法：只要经理愿意把他的领带和那些进口名牌领带陈列在一起，他愿意在价格上做出巨大让步，收回成本就可以。这位经理被说服了。曾宪梓的领带终于进入大商店。很快，消费者被他的领带吸引，纷纷前来购买。这些领带的款式、做工、面料都与进口名牌差不多，价格却低了很多，谁会不愿意购买呢？

很快，曾宪梓的销路就打开了，许多大公司、大商店主动向他抛出橄榄枝。当时，中国香港领带市场的价格是 6 元一条，曾宪梓的领带却卖到 9.9 元，即便如此仍供不应求。他的小手工作坊根本无法应付如此多的订货，于是他迅速扩大工厂规模，还定下“金狮”这个品牌名。

曾宪梓不满足于现状，他不仅想生产出香港的品牌，更想创造世界名牌。为了长远发展，他多次到西欧国家的领带厂参观，学习先进技术、制作工艺和管理方法，还非常重视客户和消费者的建议，不断提升产品质量和品质。如此一来，“金狮”领带越来越受消费者欢迎，在中国香港小有名气。

不过，曾宪梓很快发现一个问题，那就是很多人对自己的领带很感兴趣，还不时夸奖两句，最后却放弃购买。他不明白这是为什么，后来一位朋友道出其中缘由：原来在粤语发言中，“狮”与“蚀”很相近，“金狮”很容易被听成“金蚀”，就是赔本的意思。香港人想着发财，谁愿意赔本呢？搞明白原因后，曾宪梓决定改掉“金狮”这个名字。可改成什么呢？苦思冥想后，他有了一个好主意：金狮的英语单词是 GOLDLION，LION 这个单词的读音和粤语的“利来”非常像，“金利来”就是金也来、利也来，不止符合香港人梦想发财的心思吗？就这样，“金利来”成为新商标。他还把公司名字改为金利来(远东)有限公司。

经过多年发展，金利来成为国内乃至世界上著名的服装服饰品牌，产品行销世界各地，曾宪梓也从一个穷小子成为商界风云人物。他白手起家，靠着自己的智慧与毅力踏平崎岖的道路，登上人生中的一个个高峰。他说：“做生意是智慧的较量，是自己与自己斗争，自己考验自己。”

对小本经营者来说，我们需要学习曾宪梓的拼搏、创新精神，但更需要从他的创业经历中领略一个道理：创业不能仅凭自己的主观想象，而应从市场需求出发。一开始，曾宪梓没有进行市场调研，仅凭主观想象便认为低档廉价领带更容易进入市场，因此赔掉了6000元本钱。好在他及时汲取教训，把资金和精力放在更符合市场需求的高档领带上，一心做好研发和创新，这才打开金利来的品牌之路。

小本经营，销售最重要。若是小本经营者不考察市场，不从消费者需求出发，就算想法再好、产品再独特，恐怕也只能白费力气。所以，请记住：商机永远都在市场需求中。

## 陶华碧：一罐辣酱的光荣之路

对于老干妈辣酱，几乎无人不知、无人不晓，它出现在中国大部分家庭的餐桌上，出现在国外华人的行李箱里，更成为走出国门的“网红”。有人说：“有华人的地方，就有‘老干妈’。”

老干妈辣酱的创始人陶华碧是一位连一天学都没有上过的贫苦女性，只认识自己的名字。她出生于贵州省湄潭县一个偏僻山村，因为家里贫穷，不仅不能读书，还得早早外出打工谋生。20 岁时，她嫁给自己的丈夫——一位 206 地质队的队员，不幸的是，没过几年丈夫就病逝了。为了养育两个孩子，陶华碧不得不外出摆摊卖米豆腐，这是当地最常见的一种廉价凉粉。因为交通不便，她需要赶最早的一班车到 5 千米外的街上买原材料。当时车少人多，背篼又占地方，卖票员时常拒绝她上车。所以，很多时候，她只能走路到街上，买完材料再背着七八十斤的东西返回。

后来，她攒了一些钱，便在贵阳龙洞堡的一条街边开了一个卖米豆腐和冷面的小饭店。名义上是饭店，其实是用捡来的半截砖、油毛毡和石棉瓦搭起的小摊而已。尽管如此，因为她的米豆腐价低量足，很受附近几所学校的学生欢迎。陶华碧待人热情、善良，时常让家境困难的学生赊账，甚至还给这些学生销账，所以生意很红火。

为了招揽更多的客人，陶华碧想办法提升米豆腐的味道，别人的调料只是加点胡椒、味精、酱油和小葱，她却调制出一种味道很好的麻辣酱。因为这个麻辣酱，她小店的生意越来越红火，每天客人络绎不绝。很多客人吃完凉粉后还会带一些麻辣酱回去，一些客人甚至专门前来买麻辣酱。

后来，陶华碧的麻辣酱越卖越多，米豆腐和凉粉生意却越来越差。她不明白这是为什么，于是便想要探个究竟。她发现这条街上多了十几家卖米豆腐的餐馆，每家生意都非常红火，原来他们都在使用自己的麻辣酱。还有一天，一位老客户前来吃米豆腐，可一听麻辣酱没有了，居然转身就走。她这才明白，原来那些客人并不是喜欢吃米豆腐，而是喜欢吃自己的麻辣酱。她看中了这个商机，开始专门卖麻辣酱，还对麻辣酱进行改良。

为了作宣传，她向路过的司机免费赠送豆豉辣酱、香辣菜。经过司机们的口头传播，她的名声在贵阳传开，很多人专程乘车或开车前来购买。对于那些慕名前来的客户，她都真诚对待，采用半卖半送的方式。后来，她把饭店改名为“贵阳南明陶氏风味食品店”，不再卖米豆腐和凉粉。

1996 年 7 月，陶华碧开始招聘工人、办食品加工厂，专门生产麻辣酱，定名为“老干妈麻辣酱”。刚刚办工厂时条件比较艰苦，资金也不充足，所以只能进行简陋的手工作坊生产，全部采用原始的手工操作。捣麻椒、切辣椒是一件苦差事，因为辣椒的气味、溅起的飞沫辣得眼睛直流泪，没人愿意去做。陶华碧就自己动手，一手握一把菜刀飞快地切剁，还乐观地说：“我把辣椒当成苹果切，就一点也不辣眼睛了，年轻娃娃吃点苦怕啥。”她还亲自用手搅拌麻辣酱。正因什么苦活累活陶华碧都亲自干，所以工人被她感染，不再抱怨工作苦、工作累。

之后，为了找到适合装辣椒酱的玻璃瓶，她又亲自前往贵阳市第二玻璃厂谈判。可是当时身为国企、销售量巨大的第二玻璃厂根本不愿意搭理这个小客户，直接拒绝了她的要求。陶华碧没有气馁，反而对厂长说：“哪个娃儿是一生下来就是大个子，都是慢慢长大的，今天你要不给我瓶子，我就不走了。”经过几小时的软磨硬泡，陶华碧终于解决了玻璃瓶的问题。

所有的问题都解决了，接下来就是最关键的销售问题。当地凉粉店根本消化不了大批麻辣酱，所以陶华碧又亲自背着麻辣酱到各食品商店和单位食堂推销。没想到，这个方法真的有效，不到一周时间，客户的订单就源源不断地飞过来。就这样，“老干妈麻辣酱”很快在贵阳站稳脚跟。

两年后，陶华碧正式成立贵阳南明老干妈风味食品有限责任公司，从小手工工场扩大成大公司，一切都走上正轨。“老干妈”销往全国各大中小城市，受到消费者的欢迎和青睐，销售额达到千万。

对于做辣酱来说，陶华碧是专业的，但她因为没文化、不识字，对于企业管理感到吃力。于是，她把企业交给长子管理，自己则退居幕后。不过，她制定了公司的经营策略，实行亲情化管理，对员工进行感情投资。在员工福利待遇上，考虑到公司地处偏远、交通不便、员工吃饭难等问题，决定所有员工一律由公司包吃包住。公司规模越来越大，员工越来越多，她竟然还可以叫出大部分员工的名字，记住很多员工的生日。员工生日，她会准备礼物和长寿面；员工结婚，她会当证婚人。这大大提升了企业的凝聚力和员工的忠诚度，使得“老干妈”麻辣酱迅速发展起来。

她还认为不管管理还是合作都应讲感情，对内要真，对外要诚。她在经营管理大会上对员工说：“都说无奸不商，我就偏偏不信，偏要‘宁可人人负我，我决不负客户！’，请大家一定牢记这一点，在市场竞争中以诚信经营立足，方才是取胜之道！”

正因如此，“老干妈”在市场上赢得了广泛的信誉，企业不断壮大，品牌广为人知。目前，“老干妈”的企业产值数十亿，名列中国私营企业50强。陶华碧从一位贫苦的农村女性成为胡润中国女富豪榜上有名的富豪。

“老干妈”的成功是传奇，却不是神话。陶华碧凭借着朴素、人情味，更凭借对产品品质的追求，始终秉持“诚信经营、质量第一”的经营理念，坚持为所有消费者提供味道好、品质好、价格优的辣酱，才获得了成功。她很少做广告，认为广告就在人们的口碑中。

2014年，陶华碧退休。由于想着快速把企业做大，获取更高的利润进行市场推广，她的两个儿子把辣椒换成更便宜的，包装也做了细微改变。结果适得其反，“老干妈”的口碑持续下降。人们普遍批评辣酱味道不如之前的好，价格却不断上升。这个“国货之光”备受人们的非议，销售业绩急剧下滑。这时候，陶华碧又站了出来，以73岁高龄重掌公司，立即把原料辣椒调回原来的品种，狠抓每一个生产细节。很快，“老干妈”又重新被消费者接受，销售额急剧上升。

所以，小本经营者应记住：想要做好生意就必须讲诚信，始终保证产品品质。为了扩大经营、追求利润而降低产品品质，无疑是自杀行为。不管你从事什么行业，生产或出售什么产品，质量和品质都必须放在第一位。做到这一点，即便你从路边摊开始，最终也可以赚大钱，一步步迈向顶峰。

## 王永庆：从米店小老板到塑胶大王

小本经营者渴望成功，不断寻找所谓“成功的秘诀”，希望从中发现通往财富的捷径。事实上，不管是小成功还是大成就，靠的从来都不是什么秘诀，而是用心、真诚地做好每件事情。

王永庆是中国台湾著名的塑胶大王，被人们誉为台湾的“经营之神”。他出身贫寒，祖籍在福建安溪，几代人都以种茶为生。父亲每日都辛苦地照看茶园，但微薄的收入只能勉强维持全家人的温饱。王永庆 9 岁那年，父亲不幸患上重病只能卧床休养，他要帮助母亲做农活、照顾父亲等。

15 岁时，王永庆先在茶园做杂工，又辗转到台湾南部的一家小米店做学徒。王永庆非常聪明能干，仅仅一年时间就摸清了米店的经营方式，于是大胆决定：自己创业开米店。他拿着父亲东拼西凑借来的 200 元钱，开起了自己的小米店。可做生意哪有那么容易，王永庆的小米店生意并不好，一整天也进不来几个客人。

经过考察分析，他发现原因有两个：一是自己米店隔壁有一家规模非常大的日本米店，和它相比，自己的小米店太过寒酸；二是城里有好几家老字号米店，每家店都有稳定的客源。发现问题后，王永庆发挥了自己出色的经商才华——挨家挨户地上门推销大米，还免费给顾客掏陈米、洗米缸。这一方法非常有效，为小米店吸引了很多客人。他还在附加服务上下功夫。当时大米的加工工艺比较落后，米里不可避免地会掺杂一些米糠、沙粒和石子，不仅给客人洗米带来很多麻烦，还无形中增加了买米的成本。但这毕竟是普遍现象，即便客人心中不满，也没有办法。王永庆在这方面用了心，每次卖米前都会把米糠、沙粒和石子挑干净，让客人得到便利和实惠。一时间，附近百姓都说王永庆店里卖的大米质量好、杂质少。就这样，小店的客人越来越多，大部分人成为回头客，每天竟能卖出 100 多斗大米。

王永庆尝到用心做事的甜头，继续在这方面下功夫。那时候，商家没有“送货上门”的服务，客人买米后是自己扛回去的。对于年轻人来说，扛个几十斤大米或许不是什么事，但对于年纪大或身体较弱的人来说，就是一个大难题。于是，王永庆开始推出“送货上门”的服务。每当客人来买米，他都会送货上门，还帮客人掏出陈米，清洗米缸，再把新米倒进去。

一天，下着大雨，王永庆趁客人少的时候休息。没过一会儿，店里来了一位客人。这人是一家客栈的老板，说客栈因为大雨突然来了一批客人，导致厨房大米不够用，想请王永庆送一斗米过去。没人愿意冒着大雨送米，王永庆也不例外。但是为了守信和解决客人的燃眉之急，他还是披上雨具，把米送到客栈。

每次送米之后，他还细心地记住每家客人的人口数量、米缸容量，算出大米的消耗情况。这样一来，每当客人大米快吃完时，他就主动把大米送上门来。这样的服务牢牢地拴住客人，避免客人到其他米店买米的可能性。然而，还有一个问题：那时大多数家庭收入微薄，少有闲钱，主动送米上门很可能遇到客人手头紧张的情况，如此一来就会弄得客人尴尬不已。为此，王永庆每次送米都不急于收钱，而是规定固定的收款日期——客人领薪水后的日子。因为他用心为客人着想，所以客人也从没有拖欠的情况。

凭借真诚的经营和用心的服务，王永庆的米店生意愈加红火起来，甚至超过那些老牌的大米店。之后，他创办了自己的碾米厂，拿下创业后的第一桶金。建筑行业势头好的时候，王永庆敏锐地发现商机，开始经营木材生意。再后来，经营木材的生意人越来越多，竞争越来越激烈，王永庆便毅然退出，开始投资塑胶业。

当时，塑胶业是“刚需”，但王永庆根本不懂什么是塑胶，所以遭到很多人的嘲笑。但是他并未退缩，而是积极向专家学者、实业家请教，对市场进行深入细致的调查。等到所有准备做好后，他用筹措到的 50 万美元创办了台湾第一家塑胶公司。面对供大于求的市场现状，他反其道而行之，冒险地加大生产规模。但是合伙人不再愿意和他一起冒险，纷纷要求退出。这也没有让王永庆退缩。他变卖所有资产，买下公司的所有股权。他做这个决定并非一时意气，而是经过了深思熟虑和严谨预判。果然，他的产品很快打开销路，迅速占领台湾市场。

虽然王永庆的生意做大了，但他用心经营和真诚待人的品质并未改变，力求把这一原则贯彻到企业经营的每个环节。所以，小本经营者想要把生意做好、做大，就应该学习这一点，把用心、真诚做好每件事当成一辈子坚持的信念，这才是企业生存和发展的前提。试想，若是你开始用心对待每位客户，真诚、守信，做大后立马收起那份“殷勤”，还能长久地发展吗？